刀术

全民健身项目指导用书

谭炳春◎主编

吉林出版集团股份有限公司 全国百佳图书出版单位

图书在版编目（CIP）数据

刀术 / 谭炳春主编. -- 2版. -- 长春：吉林出版
集团股份有限公司, 2010.2(2024.8重印)
全民健身项目指导用书
ISBN 978-7-5463-2352-7

Ⅰ.①刀… Ⅱ.①谭… Ⅲ.①刀术（武术）–基本知
识–中国 Ⅳ.①G852.22

中国版本图书馆 CIP 数据核字(2010)第 028357 号

全民健身项目指导用书

刀 术

DAOSHU

主 编	谭炳春
责任编辑	黄 群 杜 琳
封面设计	吕宜昌
开 本	650mm×960mm 1/16
印 张	7.5
字 数	30 千
版 次	2010 年 2 月第 2 版
印 次	2024 年 8 月第 4 次印刷
出版发行	吉林出版集团股份有限公司
地 址	吉林省长春市福祉大路 5788 号
邮 编	130000
电 话	0431-81629968
电子邮箱	11915286@qq.com
印 刷	三河市金兆印刷装订有限公司
书 号	ISBN 978-7-5463-2352-7 定 价 39.80 元

序言

自 1995 年我国政府推出《全民健身计划纲要》以来，我国群众性体育活动蓬勃发展，取得了显著的成绩。2008 年，举世瞩目的北京奥运会的成功举办，极大地激发了亿万人民群众的体育热情，增强了全社会的体育意识，营造了浓厚的全民健身氛围。面对这样的可喜局面，群众体育科研、教学工作者应义不容辞地为社会实践服务，从不同角度思考，如何使普通百姓通过简而易行的身体锻炼方式、方法和手段达到良好的健身效果，达到拥有健康的目标，从而享受生活、享受快乐人生。该书系就是在这样的思想指导下诞生的。

本书系能够顺应国家体育的大政方针，掌握时代脉搏，对指导大众健身，使大众掌握健身方法和手段有很好的促进作用。

本书系图文并茂，实用性强，分为球类运动、体操健身运动、传统武术、冰雪运动、水上运动、体育舞蹈、休闲运动、格斗运动、民间体育活动和极限运动等十大类项目，计 100 分册，按照统一的体例，力争有所创新。每册的具体内容为该项目的起源与发展、运动保健、基本技术、运动技巧、比赛规则等，使读者在学习过程中，不仅能够学会运动健身的方法，同时还能够学到保健方面的基本知识。

　　经国务院批准，自 2009 年起，将每年的 8 月 8 日定为"全民健身日"。《全民健身项目指导用书》的出版，必将为开展全民健身活动起到积极的推动和指导作用。

目录 CONTENTS

目录 CONTENTS

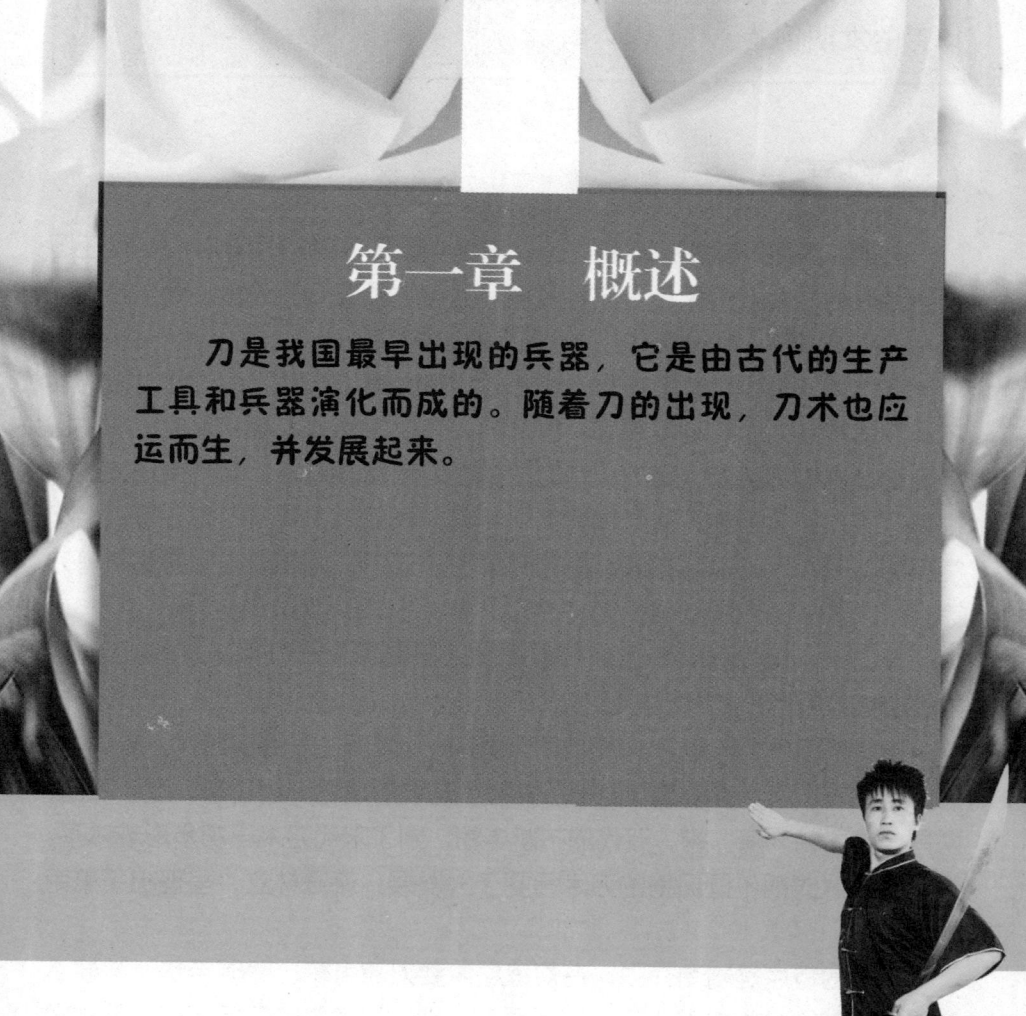

第一章　概述

　　刀是我国最早出现的兵器，它是由古代的生产工具和兵器演化而成的。随着刀的出现，刀术也应运而生，并发展起来。

第一节

起源与发展

刀术在我国有着悠久的历史,早在石器时代就已经有了刀的发明创造。

刀是中国武术重要的器械之一，也是中国最古老的兵器之一，远在旧石器时期的后期就有了石刀、骨刀等。考古中发现刀的实物，最早为商代物品。战国以后，刀已成为士兵的主要作战武器之一。

汉代有了刀柄首端呈扁圆的环柄刀，并出现了铁制刀；三国时期的刀不但制造精良，而且种类繁多；唐代的刀有仪刀和陌刀等；宋代出现了各种长刀，其中有屈刀、掉刀、笔刀、眉尖刀和凤嘴刀等；明代有长刀、钩镰刀、腰刀和手刀等；清代有大刀、朴刀、长刃刀、背刀和佩刀等；当代常用的长刀有大刀和扑刀等，短刀有单刀、双刀、九环刀、刺刀和斩马刀等。

刀在十八般兵器中排在第一位，故刀被称为十八般兵器之首，与剑、枪和棍被誉为当今武术四大名器。

古代的刀术是随着刀的演化而发展的。刀术萌生于远古时代，夏、商、周得到初步发展，春秋战国时期多种社会功能形成后，经过秦、汉、三国、两晋、南北朝、隋、唐、五代的不断丰富，到了宋代刀术已初步形成体系，直至明、清时期不同风格的刀术得到了大发展，流派林立，呈现出了繁荣局面。

刀术的特点是刚劲有力，在演练之时要刀随身转、眼明手快，按演练及形式之差别分为单刀、双刀和长柄刀三种。刀术类较著名的有朴刀、猴刀、苗刀、六合刀、燕青刀、八卦刀、太极刀和梅花刀等单刀刀术，以及梅花双刀、少林双刀刀术与春秋大刀、日月乾坤刀等长柄刀术。

发展

中华人民共和国成立后，武术成为社会主义文化和人民体育事业的一个组成部分，得到了蓬勃发展。刀术也随着武术的发展而发展，逐渐走上规范化道路，成为全民健身运动的有机组成部分。

传播

1950 年，中华全国体育总会召开了武术座谈会，倡导发展武术运动。

武术的研究整理工作也有所进展，从 20 世纪 50 年代中期开始，原国家体委有关部门组织部分武术工作者研究、整理、出版了相关的书籍，1961年还编写了体育系《武术》通用教材。

在武术的蓬勃发展过程中，刀术也得到了相应的发展。刀术运动在我国有着悠久的历史和广泛的群众基础，是我国优秀民族文化的遗产之一。它不仅自古以来为我国人民所喜闻乐见，而且在现代体育兴盛的当代，也越来越受到世界各国人民群众的欢迎。在世界五大洲的体育运动中，刀术一枝独秀，放射着中华民族智慧的光芒。

发展趋势

我国的刀术内容丰富，形式多样，风格独特，运动简便，老少皆宜，具有广泛的群众基础。长期习练可以提高身体的协调性、灵敏性和柔韧性，有助于身体各部位的均衡发展，改善神经系统机能，对心血管系统有良好的作用。因此，随着全民健身运动的蓬勃发展，刀术成为各地全民健身的热门项目。

第二节

场地、器材和装备

刀术是武术套路的一种，具有深厚的中国武术文化内涵，在正规套路比赛时，对场地、器材和装备都有一定的要求。

概
述

 种类

刀术分单练项目、对练项目和集体项目。不同的项目比赛，有不同的场地要求。

单练和对练项目场地

（1）正规比赛或表演一般都在比较柔软的地毯上进行，具体分为单练、对练和集体项目场地；

（2）场地四周内沿应画有5厘米宽的边线，其周围至少应有2米宽的安全区；

（3）在场地的两长边中间各有一条长30厘米、宽5厘米的中线标记。

集体项目场地

（1）场地呈长方形，长16米，宽14米；

（2）场地四周内沿应画有5厘米宽的边线，其周围至少应有1米宽的安全区。

 设 施

地面

刀术表演的场地大多是在地面上铺设红色地毯，一方面是为了方便运动员做动作时不受伤，另一方面是延续了中国武术表演的气氛，使人感受到刀术浓厚的中华文化底蕴。

器材架

器材架是放兵器的地方，可以使表演者更加方便地进行表演或练习。

 要 求

（1）从地面量起，赛场上空至少应有 8 米的无障碍空间，如设两个以上比赛场地，两场地之间距离应在 6 米以上；

（2）器材架要放在合适的地方，不能给运动员练习或表演带来不便。

 器材

刀术比赛的器材主要是刀，种类繁多，一般分为单刀、长刀、短刀和双刀四大类。

 单 刀

规格

（1）刀的长度一般以直臂下垂抱刀时，刀尖不低于该人耳上端为准；

（2）现代竞技武术套路比赛按年龄和性别要求，应使用不同型号、尺寸和重量的刀。

1.刀身

(1)刀身由刀刃、刀背、刀面和刀尖组成；

(2)刀刃为刀身的锋利部分，刀背为刀身的脊背，刀面为刀身的两侧平面。

2.刀柄

(1)刀柄由刀首、护手组成，并配置刀彩和刀鞘；

(2)刀首为刀柄后端突出部分，护手为刀柄与刀身间保护手的突出部分；

(3)刀彩为刀首后端所系的丝绸装饰物，刀鞘为盛刀的器物。

长刀包括屈刀、偃月刀、掉刀、笔刀、钩镰刀、风嘴刀、眉尖刀、片刀、三尖两刃刀、二郎刀和象鼻大刀等。

短刀包括环柄刀、铁刀、手刀、腰刀、大环刀、苗刀和斩马刀等。

双刀与单刀区别在于护手，单刀护手为一个整椭圆形，双刀护手两刀合在一起为一个椭圆，单个则为半个椭圆。

装备指运动员在进行刀术套路表演时身上的衣着及鞋等，武术的衣着不同于其他体育项目的服装，讲究的是一种中国传统武术文化内涵。

 **服装**

款式

（1）女子为中式半开门小褂（长袖或短袖自定），5 对中式直袢，男子为中式对襟小褂（长袖或短袖自定），7 对中式直袢；

（2）灯笼袖，袖口处加两对中式直袢；

（3）扎软腰巾，西式裤腰，中式裤脚，横直裆要适宜。

材质

（1）服装的原料可自由选择，舒适即可；

（2）如果刀法沉着，步法稳健，就选用平绒面料，效果比较好；

（3）如果刀法潇洒，犹如飞凤，就选择双绉或绸缎的面料为好。

 **鞋**

比赛和表演中常见的是以羊皮或帆布制面，软胶制底的武术表演专用鞋，这种鞋既舒服又美观。

第二章　运动保健

  体育运动对增强体质、预防疾病和促进健康具有良好的作用。但是,并非所有人从事相同的运动都会达到同样的效果。对于同一种运动负荷,不同人机体的反应差异是很大的,即使同一个体,在不同时期、不同机能状态下,对同一负荷的反应及效果也是不一样的。因此,对于不同个体,应制定适合其机能需要的运动强度、时间、频率和持续周期。从事体育锻炼一定要讲究科学性,使机体最大限度地获得运动价值,使某些疾病得到有效的防治。

第一节

自我身体评价

　　自我身体评价是指根据个体的不同情况以及简单的功能评定标准，对锻炼者进行身体评价，并以此为依据，确定具体的锻炼内容。

适宜人群 ◆◆◆◆◆◆◆

　　体适能是全身适应性的一部分，是人体精神和体力对现代生活的适应能力。为了促进健康，预防疾病，提高生活质量和工作学习效率，几乎所有人都可以追求健康的体适能，而且经过简单的评价和测试，均可以成为目标人群，即适宜人群。

健康体适能评价标准

　　健康体适能是指身体有足够的活力和精力处理日常事务，而不会感到过度疲劳，并且还有足够的精力去享受休闲活动和应对突发事件。

　　健康体适能是确定锻炼者是否为运动适宜人群的主要依据。目前的评价标准主要包括国民体质测定标准、学生体质测定标准和普通人群体育锻炼标准等。

　　国民体质测定标准主要包括形态指标、机能指标和素质指标 3 个部分，各项指标的测定结果均为 1～5 分，共 5 个级别。凡各项指标达不到 4 分或 5 分者，均应被纳入健身人群。

　　学生体质测定标准分为优秀、良好、及格和不及格 4 个级别。优秀水平以下者，均应被纳入健身人群。

　　普通人群体育锻炼标准分为 5 个级别，凡达不到 4 分或 5 分者，均应被纳入健身人群。

简易运动功能评定

简易运动功能评定的目的在于确定运动对象有无运动禁忌症或临时运动禁忌的情况，即是否适合参加体育锻炼，以达到防备万一，避免意外事故发生的目的。目前通行的方式是 3 分钟踏台阶测试。

目的

测试锻炼者运动后心率恢复的情况，以评估其心肺功能。

器材 见图 2-1-1

30 厘米高的长凳、节拍器、秒表和时钟。

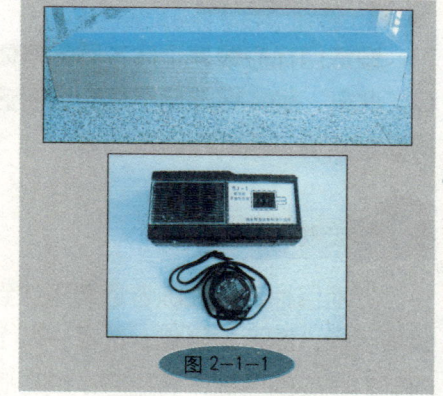
图 2-1-1

步骤 见表 2-1-1

（1）节拍器设定为每分钟 96 次，锻炼者依"上上下下"的节拍运动 3 分钟。

（2）锻炼者完成 3 分钟踏台阶后，5 秒钟内开始测量其脉搏，时间为 1 分钟，记录其心率，并依据下表评价其功能水平。

（3）运动后心率越低，证明其心肺功能越好。在运动强度允许的范围内，锻炼者可选择运动强度的较高值来进行运动。

表 2-1-1  3 分钟台阶测试评价表

	年龄（岁）	欠佳（次）	尚可（次）	一般（次）	良好（次）	优异（次）
男士	18~25	>115	105~114	98~104	89~97	<88
	26~35	>117	107~116	98~106	89~97	<88
	36~45	>119	112~118	103~111	95~102	<94
	46~55	>122	116~121	104~115	97~103	<96
	56~65	>119	112~118	102~111	98~101	<97
	65+	>120	114~119	103~113	96~102	<95
女士	18~25	>125	117~124	107~116	98~106	<97
	26~35	>128	119~127	111~118	98~110	<97
	36~45	>128	118~127	110~117	102~109	<101
	46~55	>127	121~126	114~120	103~113	<102
	56~65	>128	118~127	112~117	104~111	<103
	65+	>128	122~127	115~121	101~114	<100

注意事项

如受试者经过努力仍无法完成测试，或出现头晕、胸闷、出冷汗等症状，应终止测试。运动中应特别考虑运动强度，以防出现意外。

锻炼目标

锻炼目标应根据个体不同的身体状况来确定，可分为近期目标和远期目标。此外，确定锻炼目标还应结合锻炼者的运动意向、愿望和兴趣以及本人的健康状况、疾病程度等因素。

近期目标

近期目标是指锻炼者近期应达到的目标。在进行运动之前，应首先明确锻炼目标，即近期目标。选择一两个健康体适能构成要素，作为未来两个月内努力完成的目标，而且应从成功概率较高的构成要素开始，并将预期两个月后要达到的目标做上记号，如提高某个或某些关节的活动幅度，增强某个肌肉群的力量等。

远期目标

远期目标是指锻炼者最终要达到的目标。实践证明，经过科学合理的锻炼后，锻炼者是可以达到一般的远期目标的，如提高心肺功能，使其达到优秀的等级，或达到降血脂、防治高血压和冠心病的目的等。

运动负荷

运动负荷即运动量。怎样控制运动量，合适的运动时间是多少等，一直是人们争论不休的问题。但有一点是可以肯定的，那就是任何有关身体活动的意见和建议，都需要综合考虑锻炼者的身体状况和所要达到的目标，并以此为依据来制订科学的身体锻炼计划。

 运动强度

运动过程中，运动强度过小，达不到锻炼的效果；运动强度过大，不仅达不到最佳的锻炼效果，还可能产生一些副作用，甚至出现意外事故。确定运动强度有两种方法。

心率简易推测法

（1）年龄在 20 岁左右的年轻人，身体健康，能坚持体育锻炼，欲进一步提高身体机能，可取最大心率值（最大心率值 =220 - 年龄）的 65％～85％。

（2）年龄在 45 岁以下，身体基本健康，有运动习惯者，开始进行健身锻炼，可取最大心率值的 65％～80％，没有运动习惯者，开始进行健身锻炼，可取最大心率值的 60％～75％。

（3）年龄在 45 岁以上，身体基本健康，有运动习惯者，开始进行健身锻炼，可取最大心率值的 60％～75％，没有运动习惯者，建议根据自身情况咨询专业人员来指导和确定运动强度。

主观感觉疲劳分级表推测法 见表 2-1-2

运动的疲劳程度大致分为 10 级，具体为：0～1 级，没感觉；2～3 级，尚轻松；4～5 级，稍累；6～7 级，累；8～9 级，很累；10 级，精疲力竭。因此，健身锻炼的运动强度应控制在主观感觉疲劳程度的 4～7 级。

 主观感觉疲劳分级表

0 轻松	·	2 尚轻松	·	4 稍累	·	6 累	·	8 很累	·	10 精疲力竭

 运动频率

运动频率是指每日及每周锻炼的次数。一般每周锻炼 3～4 次，即隔日锻炼 1 次即可。有充足的休息时间，可使身体得到充分的休息，收到更好的锻炼效果。

 运动持续时间

运动强度和运动持续时间，决定了一次锻炼的运动量和热量消耗。运动持续时间与运动强度成反比，运动强度大，运动持续时间可相应缩短，运动强度小，则运动持续时间应相应延长。

一般的健身锻炼，运动持续时间以每天 20～60 分钟为宜，其中包括准备活动时间、健身锻炼时间和整理活动时间。每次健身锻炼应在 20 分钟以上，锻炼可一次性完成，也可分段进行，但每段的活动时间应在 10 分钟以上。

第二节
运动价值

运动价值一直是人们探讨的问题，一般认为运动具有两方面的价值，即健身价值和心理价值。身体和精神的健康是相互依存的，伴随着身体功能的改善，精神状况逐渐也能同时得到改善。

 健身价值 ◆◆◆◆◆◆◆◆

健身价值在于提高体适能。体适能包括心肺耐力素质、肌肉力量素质、柔韧性素质和身体成分等。体适能的发展是积极从事锻炼的结果，只有规律性的体育锻炼才能达到最佳的体适能。

提高心肺耐力素质

心肺耐力是指全身肌肉进行长时间运动的持久能力，是体内心肺系统对身体各细胞的供氧能力。人体的心脏、肺、血管、血液等组织的功能是心肺耐力的基础，它们与氧气和营养物质的输送以及代谢物的清除有关。健全的心肺功能是健康的基本保证。

系统的体育锻炼，可以使心肌增厚，收缩力加强，心室容积增大，从而使心脏的泵血功能增强，表现为心血输出量增加。

系统的体育锻炼，呼吸系统机能也将得到提高，表现为呼吸肌的力量增强，肺活量、肺通气量明显增加，保证对机体供氧的能力。

系统的体育锻炼，可以促进血管系统的形态、机能和调节能力产生良好的适应力，从而提高机体的工作能力。

系统的体育锻炼，可以使血液系统产生某些适应性变化，如血容量增加、血黏度下降、红细胞膜弹性增强和红细胞变形能力增强等。

 提高肌肉力量素质

肌肉力量是指肌肉最大收缩产生的对抗阻力或负荷的能力。肌肉力量只有达到一定的程度，才能克服外界阻力，而克服外界阻力是维持日常生活自理、从事各种劳动和运动的必要前提。

系统的体育锻炼，可以提高肌肉的生理横断面积，可以改善神经系统对肌肉收缩的支配功能，还可以提高肌肉内代谢物质的储备量，使肌肉力量得到提高。

 提高柔韧性素质

柔韧性是指人体各关节的活动幅度，即关节的肌肉、肌腱和韧带等软组织的伸展能力。柔韧性对于保证正常生活质量、维持正常体态、预防损伤发生和减轻损伤程度等方面均起到至关重要的作用。

系统的体育锻炼，还可以延缓因年龄因素而导致的柔韧性下降，预防因缺乏运动而导致的关节结构、周围软组织和膝关节肌肉退化，从而使锻炼者

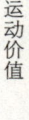

运动价值

的日常生活、劳动和运动等更加充满活力。

 改善身体成分

　　身体成分是指人体体重中的脂肪组织和去脂组织的重量百分比。身体成分中的脂肪成分增加，肌肉成分必然下降。身体中不具备收缩功能的脂肪组织增加，必然导致身体进行各种活动的能力下降，基础代谢水平降低，肥胖症、冠心病、高血压、糖尿病、高血脂等慢性疾病发病率的提高。因此，身体成分是保证人体健康的重要内容之一。

　　通过系统的体育锻炼，随着锻炼者体质的增强，热量消耗便随之增加，进而燃烧掉体内多余的脂肪，使身体成分得到改善。而身体成分的改善，又可以减少体重对关节可能带来的不利影响，还可以使肥胖者的心理状况得到改善，增强其自信心，使其逐步建立起健康的生活方式。

 心理价值 ◆◆◆◆◆◆◆◆◆◆

　　研究证明，有规律的体育锻炼不但可以使锻炼者增强体质、促进身体健康、预防一些慢性疾病，还可以提高锻炼者的生活满意度和生活质量，对其心理健康产生积极影响。

　　体育锻炼的心理健康效应主要表现在六个方面：

改善情绪状态

✿ 短期效应

　　研究发现，体育锻炼对人的情绪状态具有显著的短期效应。运动后人们的焦虑、抑郁、紧张和心理紊乱等症状会明显减轻，而精力和愉快程度则会明显增强。而且这种情绪的迅速变化，与锻炼者个体的健康状况、活动形式和活动强度等有着直接的联系。

✿ 长期效应

　　体育锻炼对人情绪的长期效应有着直接的影响，与不锻炼者相比，有规律的锻炼者在较长时期内很少会产生焦虑、抑郁、紧张和心理紊乱等情绪。

 **完善个性行为特征** 见表 2-2-1

人们的行为特征一般可以分为两种类型，用 A 型行为特征和 B 型行为特征来表示。A 型行为特征主要表现为性情急躁、争强好胜、容易激动、整天忙碌和做事效率高等。B 型行为特征主要表现为不好竞争、不易紧张、不赶时间、对人随和、喜欢自由自在等。具有 A 型行为特征的人由于过度紧张的情绪反应，会引起内分泌失调，增加心脏病发病的概率。目前的一些研究主要集中在体育锻炼对改变 A 型行为特征的作用方面。研究结果表明，有规律的体育锻炼能明显改变 A 型行为特征。

 A、B型个性行为特征常见表现

A 型行为特征者常见表现	B 型行为特征者常见表现
约会从来不迟到	对约会很随便
竞争意识很强	竞争意识不强
别人要讲话时总爱抢先或插话	是别人讲话时很好的听众
总是匆匆忙忙	即使有压力也从不匆忙
等待时缺乏耐心	能够耐心等待
干事时全力以赴	处事漫不经心
同时想干很多事	在一段时间里只干一件事情
讲话喜欢用加强语气，甚至敲桌子	讲话语速缓慢、不慌不忙
做了好事希望能得到别人的认可	只要自己满意即可，不管别人怎样想
吃饭、走路都很快	做事情很慢
不善与人相处	为人随和
容易暴露自己的感情	能控制自己的感情
具有广泛的兴趣	没什么业余爱好
雄心壮志	满足于目前的工作和学习状况

 确立良好自我概念

自我概念是指个体对自己身体、思想和情感的主观整体评价，它由许多自我认识组成，包括我是什么人、我主张什么和我喜欢什么等。

坚持体育锻炼，可以使锻炼者体格强健、精力充沛、提高驾驭身体的能力，从而改善对自身的满意程度，确立良好的自我概念。

 改变睡眠模式

根据脑电图的显示，人的睡眠可以分为两种状态，即慢波睡眠状态和快波睡眠状态。前者为浅度睡眠状态，后者为深度睡眠状态。一夜之间两种睡眠状态会交替发生 4～5 次。

有规律的体育锻炼不仅对慢波睡眠有促进作用，而且能缩短入眠的潜伏期，并延长睡眠的时间。

 改善认知能力

体育锻炼还能改善人的认知过程，避免反应时间过长、注意力不集中和思维混乱等症状的发生，尤其对老年人的认知能力改善效果更为明显。

 增加心理治疗效应

体育锻炼被公认为是一种心理治疗的好方法。目前人群中常见的心理疾患是抑郁症和焦虑症。研究发现，体育锻炼是治疗抑郁症的有效手段之一，抑郁症患者经过有规律的体育锻炼，抑郁症状能明显减轻。

体育锻炼还具有治疗焦虑症的作用，通过有规律的体育锻炼，可以使锻炼者的焦虑症状明显改善。

第三节

运动保护

在运动过程中，人体机能会随时发生变化。因此，应针对这种机能变化的特点来进行体育锻炼，也就是我们所说的运动保护。运动保护一般包括运动前准备、运动后放松和自我养护三个方面。

 运动前准备

准备活动是指在正式运动之前进行的有目的的身体练习。做好充分的

运动保健

准备活动，可以缩短机体进入最佳状态的时间，同时还可以预防运动损伤的发生，为机体发挥最大的工作效率做好功能上的准备。

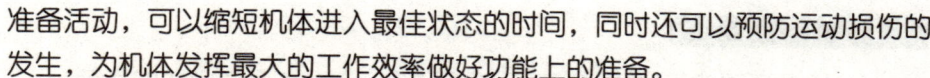

准备活动的作用

提高中枢神经系统兴奋状态

(1)使大脑反应速度加快，参加活动的运动中枢神经相互协调。

(2)为正式运动时生理机能达到适宜程度提前做好准备。

提高机体代谢水平

(1)准备活动可以使锻炼者体温升高，降低肌肉黏滞性，使肌肉的伸展性、柔韧性和弹性增强，从而有效预防运动损伤的发生。

(2)准备活动可以增强体内代谢酶的活性，使物质代谢水平提高，以保证运动时有较充分的能量供应。

克服内脏器官生理惰性

(1)准备活动可以提高心血管系统和呼吸系统的机能水平，使肺通气量及心血输出量增加。

(2)可以使心肌和骨骼肌的毛细血管扩张，使其工作肌获得更多的氧，从而克服内脏器官的生理惰性，使之尽快达到最佳状态。

增加皮肤毛细血管的血流量

准备活动可以使皮肤毛细血管的血流量增加，运动后毛细血管扩张，有利于散热，降低体温，有效防止开始正式活动时由于体温过高而影响运动能力。

准备活动要求

准备活动时间

(1)准备活动的时间可以根据运动项目的具体情况确定，一般以10～30分钟为宜。

(2)准备活动与正式运动的间隔时间，一般以不超过15分钟为宜，可以在做完准备活动后立刻进行正式运动。

准备活动强度

(1)准备活动的强度和量应较正式运动小，以免引起不必要的疲劳。

(2)准备活动的量可以由心率来决定，心率以100～120次／分为宜。

准备活动内容

一般性准备活动

一般性准备活动的内容多以伸展运动开始，然后进行一般性的跑步、徒手体操等活动。

下面介绍一套常用的一般性准备活动操，供锻炼者运动前使用。这套活动操主要包括头部运动、肩部运动、扩胸运动、体侧运动、体转运动、髋部运动和踢腿运动等。

头部运动

头部运动的动作方法（见图2-3-1）：两手叉腰，两脚左右开立，做头部向前、向后、向左、向右，以及绕环运动。

图 2-3-1

运动保健

肩部运动

肩部运动的动作方法（见图 2-3-2）：手扶肩部，屈臂向前、向后绕环，以及直臂绕环。

扩胸运动

扩胸运动的动作方法（见图 2-3-3）：屈臂向后振动及直臂向后振动。

体侧运动

体侧运动的动作方法（见图 2-3-4）：两脚左右开立，一手叉腰，另一臂上举，并随上体向对侧振动。

体转运动

体转运动的动作方法（见图 2-3-5）：两脚左右开立，两臂体前屈，身体向左、向右有节奏地扭转。

髋部运动

髋部运动的动作方法（见图 2-3-6）：两脚左右开立，两手叉腰，髋关节放松，向左、向右 360 度旋转。

图 2-3-2

图 2-3-3

踢腿运动

踢腿运动的动作方法（见图 2-3-7）：两臂上举后振，同时一腿向后半步，重心置于前腿，两臂下摆后振，同时向前上方踢腿。

图 2-3-4

图 2-3-5

图 2-3-6

图 2-3-7

专门性准备活动

专门性准备活动的动作方法、节奏和强度等与正式锻炼相似，目的是使人体主要肌群在运动前得到动员，为正式锻炼做好准备。

运动后放松

运动后放松是指运动之后所进行的一些能够加速机体功能恢复的、较轻松的身体活动。与运动前准备活动相反，其目的是使锻炼者的生理机能水平逐步得到恢复。

运动性手段

（1）运动结束后，锻炼者可采用变换运动部位的方法来消除疲劳，如上肢出现疲劳时可做一些慢跑运动，下肢出现疲劳时可做一些上肢运动。

（2）转换运动类型也是一种不错的放松方法，如打羽毛球出现疲劳时，可从事瑜伽运动来达到放松的目的。

（3）还可以用调整运动强度的方法来缓解疲劳，如可以在放松过程中，采用小强度的轻微运动方法等。

整理活动 　见图 2-3-8

（1）整理活动是指运动后所做的一些能够加速机体功能恢复的身体活动，如剧烈运动后进行 3～5 分钟慢跑或其他整理活动，使身体机能得以恢复。

（2）剧烈运动后如不做整理活动而骤然停止动作，会影响氧气的补充和静脉血的回流，使机体血压降低，引起不良反应。

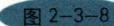
图 2-3-8

注意事项

（1）在进行整理活动时动作应缓慢、放松，运动量不要过大，否则会引起新的疲劳。

（2）在进行整理活动时，应当保持心情舒畅、精神愉快。

自我养护

锻炼后，锻炼者感觉身体疲劳是一种正常的生理现象，是体育锻炼过程中的正常反应，随着体育锻炼时间的延长，疲劳症状会自然消失。运动性疲劳出现后，锻炼者如果采用一些自我养护措施，可以加速身体机能的恢复，尽快消除疲劳，提高锻炼效果。常见的自我养护方法主要包括运动后休息、合理营养和物理手段等三种。

运动后休息

静止性休息 见图 2-3-9

（1）静止性休息是指锻炼者运动后保持机体相对的静止状态，以促进身体机能的恢复，尽快消除疲劳。

（2）静止性休息的最佳方式之一是睡眠，特别是刚开始从事锻炼者，身体不适应或疲劳症状明显时，更应该保证足够的睡眠，否则，锻炼者虽然积极参加了体育锻炼，但收效甚微，甚至会导致过度疲劳症状的发生。

（3）静止性休息更适合于消除全身运动导致的整体疲劳症状。

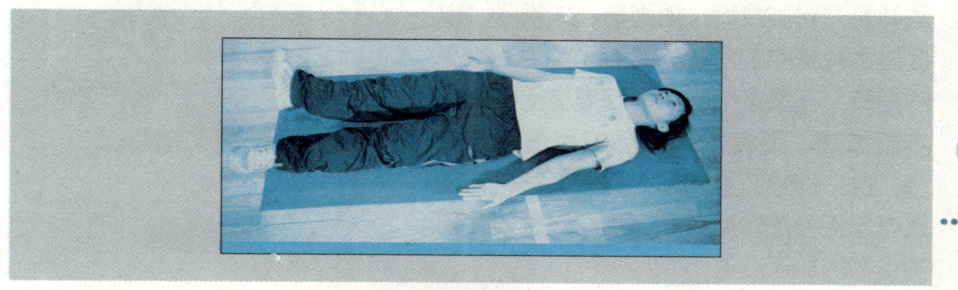

图 2-3-9

 **积极性休息** 见图 2-3-10

（1）积极性休息更适合由于少量肌肉群参与工作而导致的局部疲劳，或运动强度较大而导致的快速疲劳。

（2）积极性休息可以加速血液循环，有利于代谢物排出体外，对促进身体机能的恢复具有明显的效果。

图 2-3-10

合理营养 见图 2-3-11

图 2-3-11

小强度、长时间的运动形式，主要是靠糖原的有氧代谢提供能量。运动后应及时补充淀粉类食物，如面粉、大米等，以促进消耗糖原的合成。随着人民生活水平的提高，在饮食结构中，肉类食品的比重不断增加，而淀粉类食品的比重逐渐减少，这一现象应当引起人们的注意，特别是老年人参加体育锻炼，更应注意对淀粉类食物的补充。

强度较大、时间又相对较长的运动形式，主要是靠糖原的无氧代谢提供能量。这样，糖原无氧代谢产物——乳酸便会在体内大量堆积。因此，运动后应多补充蔬菜、水果等碱性食品，以加速乳酸的清除，达到尽快消除疲劳的目的。

物理手段

按摩及牵拉 见图 2-3-12

(1)通过刺激神经末梢、皮肤结缔组织和毛细血管的按摩方法，可以使紧张的肌肉得以放松，从而改善局部组织和全身的血液循环，达到促进身体机能恢复的目的，这种方法可以在锻炼后马上进行。

(2)此外，还可以采取缓慢牵拉肌肉的方法，使收缩的肌肉得到充分的伸展放松。

水疗及电疗

(1)水疗包括芬兰式蒸汽浴、热水浴和桑拿浴等多种形式，主要作用是通过提高体温，促进血液循环，清除代谢物，以达到尽快消除疲劳、恢复体力的目的。

(2)水疗的时间一般以不超过 30 分钟为宜，如果时间过长，会进一步消耗体力，严重时甚至会出现暂时性脑缺血现象。

（3）如果条件允许，还可对疲劳的肌肉进行低频治疗。低频治疗仪的原理是模拟针灸疗法，使用时将电极用不干胶对称地粘贴在运动部位表皮上。这种疗法可以促进局部血液循环，改善组织代谢，缓解肌肉酸痛，消除疲劳。

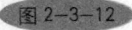
图 2—3—12

第三章　基本技术

　　刀，由古代的生产工具演化为古兵器，再由古兵器演化为当今的武术器械。刀的形制是刀背厚钝，刀刃薄利。刀术的技法特点是以劈、砍为主的刀法和快、疾、猛、狠的动势。刀法有虚有实、有刚有柔、有奇有正，变幻莫测。

握刀和抱刀

为了了解和掌握刀术主要内容，初学者除了应了解刀的构造外，还应掌握握刀方法和抱刀礼节。

握刀方法

由虎口包绕刀把，并靠近护手盘，四指自然弯曲，拇指第一指节压在食指第二指节侧（见图3-1-1）。

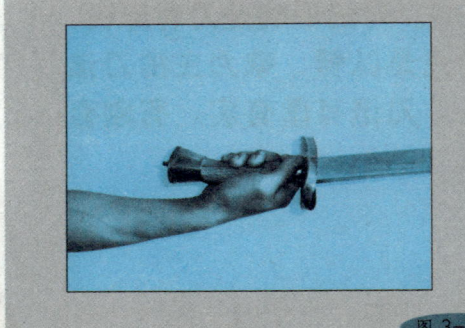

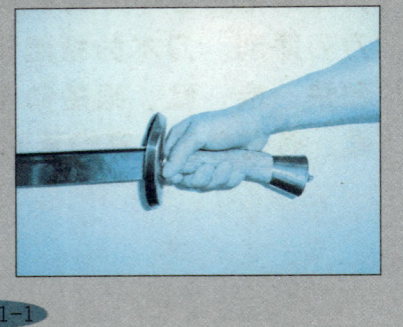

图3-1-1

抱刀礼节与抱刀方法

抱刀礼节为持刀的最基本礼节，要在比赛、表演或给他人做动作示范的前后都使用此礼节，抱刀方法一般用于预备姿势与收势。

抱刀礼节

动作方法 见图 3-1-2

并步站立，左手抱刀，屈臂抬起使刀横于胸前，刀刃向上；右手成掌，以掌心扶于左手拇指第一指节上。

技术要点

两手高与胸齐，与胸间距离为 20～30 厘米。

错误纠正

行抱刀礼时两肘抬得过低。因此，应注意两手与前胸保持距离。

图 3-1-2

抱刀方法

动作方法 见图 3-1-3

左手屈腕，食指与中指夹住刀柄，拇指压于护手盘之上，刀尖朝上，刀刃朝前。

技术要点

身体保持正直，抬头挺胸，刀身与身体呈一条直线。

错误纠正

抱刀姿势不正确。因此，应注意抱刀时刀背贴于左臂内侧。

图 3-1-3

第二节
步形与步法

　　步形与步法是武术套路的基本功法，初学者要勤学多练，这样才能在套路演练过程中下盘稳固，劲力顺达。

 步形

 弓步

🔷 **动作方法** 见图3-2-1

　　（1）右脚向前一大步（约为本人脚长的4～5倍），脚尖略内扣，右腿屈半蹲（大腿接近水平），小腿垂直地面；

　　（2）左腿挺膝伸直，脚尖内扣（斜向前方），两脚全脚着地。上体正对前方，眼向前斜视，两手抱拳于腰间，拳心向上，弓右腿为右弓步，弓左腿为左弓步。

图3-2-1

🔷 **技术要点**

　　前腿弓，后腿绷，挺胸，塌腰，沉髋，前脚同后脚呈一直线。

🔷 **错误纠正**

　　后腿弯曲，脚跟抬起，右腿膝盖超过脚尖。因此，应伸直左腿，左脚全脚着地。

基本技术

马步

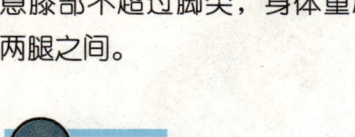

动作方法　见图 3-2-2

（1）两脚平行开立（约为本人脚长的 3 倍），脚尖正对前方，屈膝半蹲，大腿接近水平，全脚着地；

（2）两手抱拳于腰间，拳心向上。

技术要点

挺胸，塌腰，脚跟外蹬。

错误纠正

屈膝动作不标准。因此，应注意膝部不超过脚尖，身体重心落于两腿之间。

图 3-2-2

步形与步法

仆步

动作方法　见图 3-2-3

（1）两脚左右开立，右腿屈膝全蹲，大腿和小腿靠紧，臀部接近小腿，右脚全脚着地，脚尖和膝关节外展，左腿挺直平仆，脚尖里扣，全脚着地；

（2）右手抱拳于腰间，拳心向上，眼向左方平视，仆左腿为左仆步，仆右腿为右仆步。

图 3-2-3

 **技术要点**

挺胸，塌腰，沉髋。

错误纠正

上体和地面垂直。因此，做仆步时上体要略前倾，不能垂直于地面。

虚步

动作方法 见图 3-2-4

（1）两脚前后开立，右脚外展 45 度，屈膝半蹲，左脚脚跟离地，脚面绷平，脚尖略内扣，虚点地面，膝略屈；

（2）两手叉腰，眼向前平视，左脚在前为左虚步，右脚在前为右虚步。

技术要点

挺胸，塌腰，虚实分明。

图 3-2-4

错误纠正

重心未落在后腿上。因此，应保持上体正直，注意重心落在屈腿。

歇步

 **动作方法** 见图 3-2-5

（1）两腿交叉靠拢全蹲，右（左）脚全脚着地，脚尖外展，左（右）脚前脚掌着地，膝部贴近右（左）脚跟外；

图 3-2-5

（2）两手抱拳于腰间，拳心向上，眼向左（右）前方平视，左脚在前为左歇步，右脚在前为右歇步。

技术要点

挺胸，塌腰，两腿靠拢并贴紧。

错误纠正

上体未保持正直。因此，应注意全脚着地，上体保持直立。

步法

击步

动作方法 见图 3-2-6

（1）两脚前后开立，同肩宽，两手叉腰；

（2）上体前倾，后脚离地提起，前脚随即蹬地前纵，在空中时，后脚向前碰击前脚，落地时后脚先落，前脚后落，眼向前平视。

技术要点

跳起在空中时，要保持上体正直并侧对前方。

错误纠正

做击步动作时，两脚相击打。因此，应注意正确动作是后脚碰击前脚。

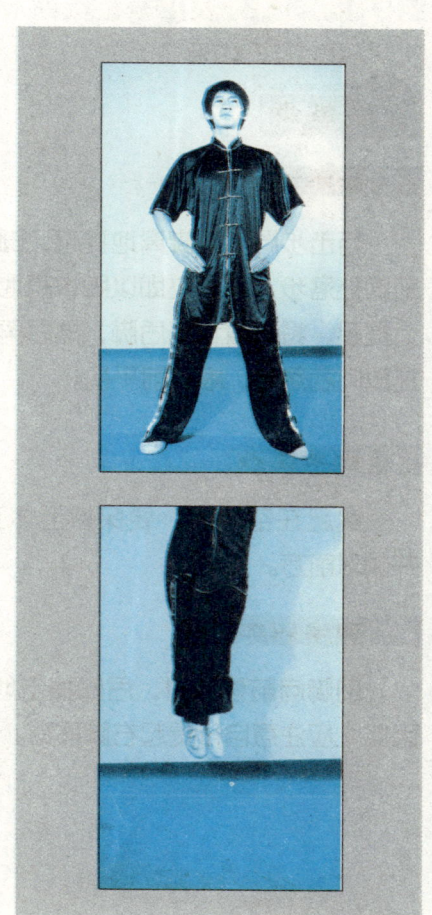

图 3-2-6

 垫步

![icon] **动作方法** 见图 3-2-7

与击步同。后脚离地提起，脚掌向前脚处落步，前脚立即以脚掌蹬地向前上提起，将位置让与后脚，然后再屈膝提腿向前落步，眼向前平视。

![icon] **技术要点**

跳起在空中时，要保持上体正直并侧对前方。

![icon] **错误纠正**

前脚向前移动时，后脚撞击地面。因此，应注意自行提起右脚移动。

图 3-2-7

 弧行步

■ 动作方法 见图 3-2-8

与击步同。两腿略屈，两脚迅速连续向侧前方行步，每步大小略比肩宽，走弧形路线，眼向前平视。

■ 技术要点

挺胸，塌腰，保持半蹲姿势。落地时，由脚跟迅速过渡到全脚掌，并注意转腰。

■ 错误纠正

身体重心移动，有起伏现象。因此，应注意身体重心平稳。

图 3-2-8

第三节
基本刀法

刀法为刀术套路中的基本动作，不同门派的刀法虽各有特点，但总结起来也有共同点：一是"刀招沉猛"，与剑相比，刀法大开大合，变化较少而威力不减；二是"单刀看手，双刀看走"，在刀法中非持刀手及步法极为重要。

劈刀

❋ **动作方法** 见图 3-3-1

刀由上向下为劈，力达于刀刃。

❋ **技术要点**

力从腰发，眼睛随着刀移动。

❋ **错误纠正**

握刀过于用力，使力不能达于刀刃。因此，应注意刀身与手臂保持一条直线。

图 3-3-1

砍刀

❋ **动作方法** 见图 3-3-2

刀由上向左或右下方斜劈为砍，力达刀刃。

技术要点

以腰助力，眼睛随着刀移动。

错误纠正

握刀过于用力，使力不能达于刀刃。因此，应注意刀身与手臂保持一条直线。

图 3-3-2

 撩刀

动作方法 见图 3-3-3

（1）刀由下向前上为撩，力达刀刃前部；

（2）撩刀有正撩与反撩，反撩时前臂外旋，刀沿身体右侧撩出；

（3）正撩与反撩动作相同，方向相反。

以腰助力，眼睛随着刀移动，刀走立圆。

错误纠正

刀的路线不是立圆。因此应注意将持刀手臂的肩部展开，以便能够加大撩刀距离。

图 3-3-3

 挂刀

动作方法 见图3-3-4

（1）刀尖由前向下、向左为挂；

（2）挂刀有上挂、下挂和抡挂之分；

（3）上挂向上、由后贴身挂出，下挂向下、向后贴身挂出，抡挂贴身立圆挂一周。

技术要点

手腕与刀身有一定角度，以腰助力，眼睛随着刀移动。

错误纠正

力未达刀背前端。因此，应注意以腰助力。

图 3-3-4

 斩刀

动作方法　见图 3-3-5

刀刃平行向左或向右横击为斩。

技术要点

以腰拧转助力，力达刀刃。

错误纠正

刀身上抬或下压。因此，应注意刀刃平行移动。

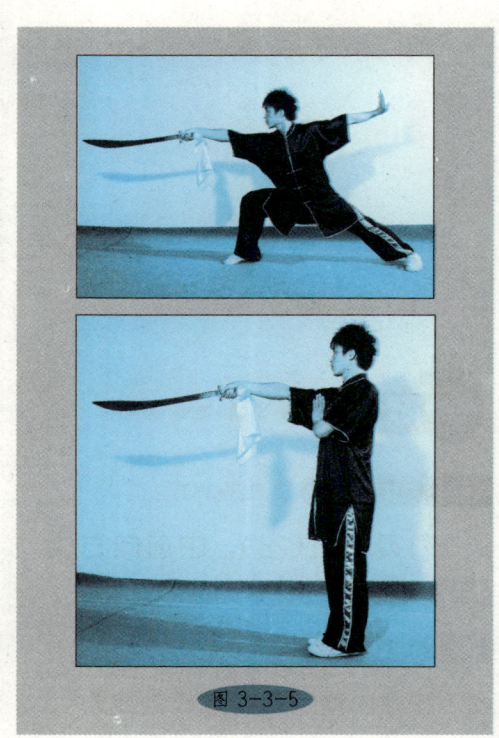

图 3-3-5

截刀

动作方法 见图 3-3-6

刀刃斜向下或向上为截。

技术要点

力达刀刃前端，眼睛随着刀刃移动。

错误纠正

刀刃方向不准确。因此，练习时应注意区分与斩刀的区别。

图 3-3-6

抹刀

动作方法 见图 3-3-7

刀刃朝右（左），由前向右（左）弧行抽回为抹，力达刀刃。

技术要点

注意小臂与刀身动作路线为

弧形。

图 3-3-7

做抹刀时刀刃与身体距离太近。因此，应注意与身体保持距离。

扫刀

动作方法　见图 3-3-8

刀刃平行横击，与踝关节同高。

技术要点

身体重心在两脚之间，扫刀速度要快，力达刀刃。

错误纠正

上体没有保持正直，在转身时失去重心。因此，应注意保持身体重心在两脚之间。

图 3-3-8

点刀 ◆◆◆◆◆◆◆◆◆

动作方法 见图 3-3-9

手腕上提，刀尖猛向前下点，力达刀尖。

技术要点

点刀速度要快，目视刀尖。

错误纠正

未能力达刀尖。因此，应注意提腕到位。

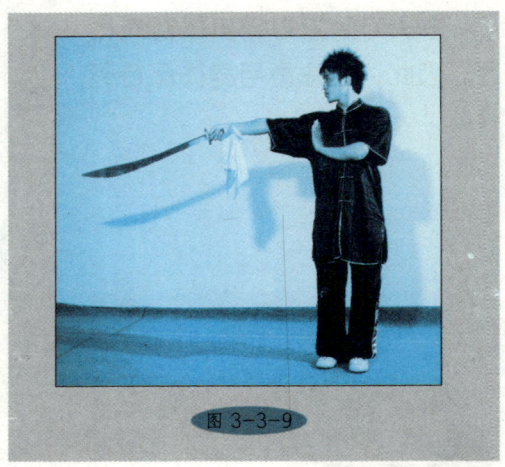

图 3-3-9

崩刀 ◆◆◆◆◆◆◆◆◆

动作方法 见图 3-3-10

沉腕，刀尖猛向前上崩，力达刀尖。

技术要点

崩刀速度要快，力达刀尖。

错误纠正

着力点不对。因此，应注意腕部要足够用力。

图 3-3-10

动作方法 见图3-3-11

（1）刀刃朝下，刀尖向前直刺为扎，力达刀尖，臂与刀呈一直线；

（2）平扎刀，刀尖高与肩平，上扎刀，刀尖高与头平；

（3）下扎刀，刀尖高与膝平。

技术要点

扎刀力达刀尖，大小臂充分绷直，目视刀尖。

错误纠正

用力点不对，未能力达刀尖。因此，应注意运用正确的用力点。

图3-3-11

 挑刀

🌸 **动作方法** 见图 3-3-12

刀背由下向上挑，力达刀尖，臂与刀呈一直线。

🌸 **技术要点**

臂与刀呈一直线，目视刀尖。

🌸 **错误纠正**

握刀过于用力，使力不能达于刀尖。因此，应注意挑刀的动作方法。

图 3-3-12

 按刀

🌸 **动作方法** 见图 3-3-13

（1）左手扶于刀背或右腕，刀刃朝前，平向下按；

（2）高与腰平为平按刀，接近地面为低按刀。

技术要点

平向下按，目视刀尖。

错误纠正

腕部僵硬，用力不均。因此，应注意按刀的动作方法。

图 3-3-13

 格刀

动作方法 见图 3-3-14

刀尖朝下，向左、右摆动格挡为格刀。

技术要点

腕部灵活用力。

错误纠正

刀尖不朝下。因此，应练习腕部的柔韧性。

图 3-3-14

缠头刀

动作方法　见图 3-3-15

刀尖下垂，刀背沿左肩贴背绕过右肩，头部正直。

技术要点

刀背尽量贴近背部绕过右肩。

错误纠正

刀尖不下垂，头部随刀走。因此，应注意刀背贴近身体背部。

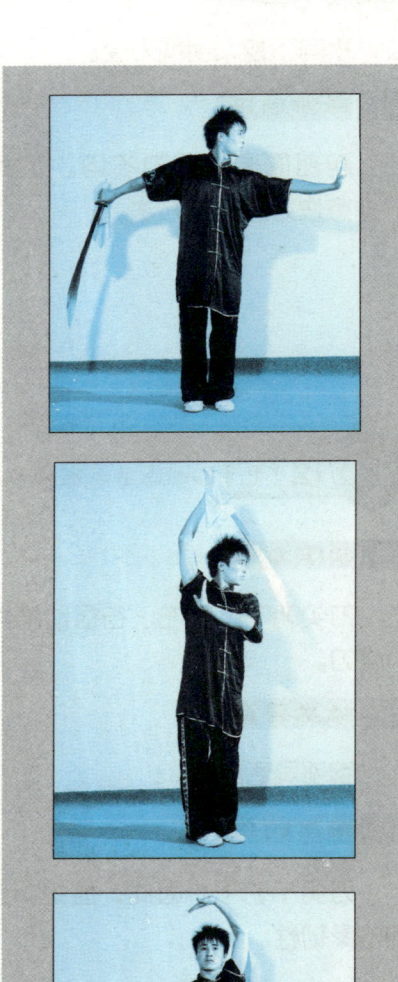

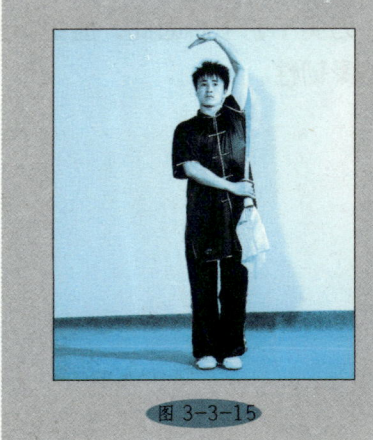

图 3-3-15

裹脑刀

动作方法 见图 3-3-16

刀尖下垂，刀背沿右肩贴背绕过左肩，头部正直。

技术要点

刀背紧贴背部。

错误纠正

与缠头刀动作区分不开。因此，应注意练习时与缠头刀区分。

图 3-3-16

藏刀

动作方法 见图 3-3-17

（1）刀身横平（刀尖朝后，刀刃朝外），藏于左腰后为拦腰藏刀；

（2）刀身平直（刀尖朝前，刀刃朝下），藏于右髋侧为平藏刀。

技术要点

注意小臂与刀身动作路线为弧形，目视前方。

刀尖露出身外。因此，应注意动作方法。

图 3-3-17

背刀

动作方法 见图 3-3-18

（1）右臂上举，刀背贴靠右臂或后背为背后背刀；

（2）左臂侧平举，右臂向后，刀背顺贴于左背为肩背刀。

技术要点

刀背贴于身体。

错误纠正

刀背末贴近身体。因此，应加强腕部灵活性。

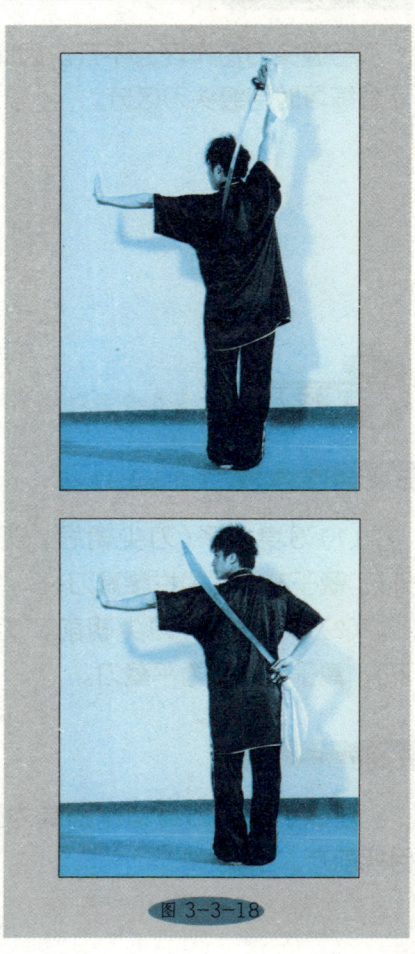

图 3-3-18

推刀

动作方法 见图 3-3-19

刀尖朝下，刀刃朝前，左手扶于刀背前部向前推出为立推刀，刀尖朝左，刀刃朝前为平推刀。

技术要点

力达刀刃，目视前方。

错误纠正

动作不准确。因此，应注意向前方推刀，刀刃向前。

图 3-3-19

架刀

动作方法 见图 3-3-20

刀刃向上，由下横向上为架，刀高过头，力达刀身。

技术要点

刀自下而上架起。

动作不准确。因此，应注意刀刃向上，力达刀身。

图 3-3-20

错刀

❋ 动作方法  见图 3-3-21

（1）手心朝上，刀刃朝左，刀尖朝右前方，平向后略压再向前推出为正错刀；

（2）手心朝下，刀尖朝左前方为反错刀。

❋ 技术要点

力达刀刃，眼睛随着刀刃移动。

❋ 错误纠正

握刀过于用力，使力不能达于刀刃。因此，应使刀身与手臂保持一条直线。

图 3-3-21

 分刀

动作方法 见图 3-3-22

刀尖朝左，左手扶于右腕或刀背，两手由上向左右分开为立分刀，由前向左右分开为平分刀。

技术要点

力达刀刃，眼睛随着刀刃移动。

错误纠正

握刀过于用力，使力不能达于刀刃。因此，应使刀身与手臂保持一条直线。

图 3-3-22

 带刀

动作方法 见图 3-3-23

刀尖朝前，刀刃朝左（右），由前向侧后抽回为带刀。

技术要点

眼睛随着刀刃移动。

错误纠正

握刀过于用力。因此，应注意握刀的力度。

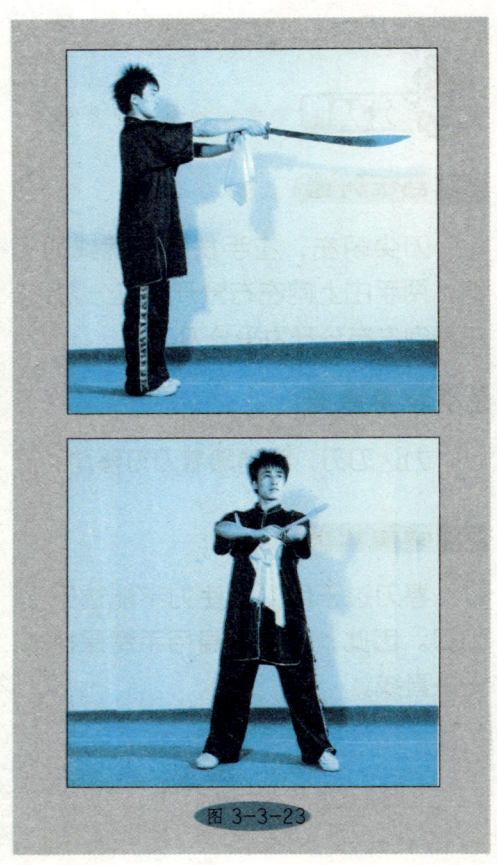

图 3-3-23

 背花

动作方法　见图 3-3-24

以腕为轴，刀在身前、背后向下贴身立圆绕环，刃背分明，刀和腰部转动协调一致。

技术要点

以腕为轴，刀和腰部转动协调一致用力。

错误纠正

握刀过于用力，使力不能贴身立圆绕环。因此，应注意握刀的力度。

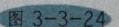

图 3-3-24

第四章　刀术规定套路

　　刀术是中国传统武术的一种。了解刀术的规定套路,有利于练习后更深入,系统地领悟刀术的丰富内容。

第一节

第一段

　　刀术规定套路第一段包括预备势、抱刀单拍脚、虚步抱刀、抢臂拍地等13种刀法动作。

预备势

动作方法 见图4-1-1

　　两脚并步站立，左手抱刀垂于身体左侧，右臂自然垂直于身体右侧，目视前方。

技术要点

　　身体正直，下颌略收，目视前方。

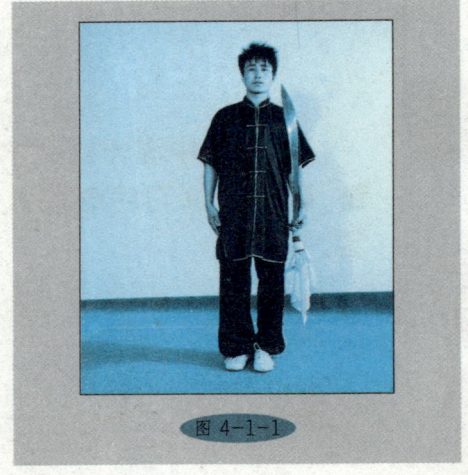

图4-1-1

抱刀单拍脚

动作方法 见图4-1-2

　　（1）左手抱刀收于腰侧，右臂外旋直臂向右前方摆起，掌心向上，目视右前方；

　　（2）右臂上摆后向上、向左屈肘，右掌摆至左肩前，左手抱刀直臂向左上方摆起，右掌收至右腰侧

成握拳，拳心向上，左臂上摆至与肩同高，目视左前方；

（3）左脚向右前方上步，左臂屈肘抱刀收于左腰侧，右手上举，目视右前方，重心移至左脚，右腿向上摆起，右掌心击拍右脚脚面，目视右前方。

❋ 技术要点

动作舒展有力，手脚配合协调。

图 4-1-2

❋ 动作方法　见图 4-1-3

（1）右脚向下落步，右臂直臂经腹前向左，左手抱刀直臂向左摆起，目视左方；

（2）左脚向右后方落地，前脚掌点地，右臂继续向上、向右直臂呈立圆摆动，左手抱刀与右臂同时向

第一段

059

上、向右摆动，目视右前方；

（3）右腿屈膝半蹲，左脚向左落步，脚尖点地呈虚步，左手抱刀向下经腹前向左直臂摆至与肩同高，虎口向上，右臂向下经腹前向左上方摆动，右掌置于左臂内侧，指尖向上，目视前方。

图4-1-3

技术要点

重心稳定，眼睛随着刀移动。

轮臂拍地

动作方法 见图4-1-4

（1）身体右转，左脚向左后方退半步，左手抱刀，左臂略内旋，右掌收至左肩前，目视前下方；

（2）左手抱刀直臂向前上方立圆摆动，右臂直臂向下摆动；

（3）身体左后转，左脚尖外展，右脚向左脚内侧上步，两脚跟并拢，两膝外展屈膝全蹲，上体前

俯，左手抱刀直臂向左后方立圆摆动，右臂向上、向前、向下摆动，右掌击拍地面，目视前下方。

✿ 技术要点

动作迅速有力。

图 4-1-4

弓步推掌

✿ **动作方法** 见图 4-1-5

（1）向后直臂摆动，左手抱刀向左、向上直臂摆动，目视右方；

（2）右脚向下落步，左脚向左落步，两腿屈膝半蹲，同时右臂屈肘收至身背后，手心向外，左手抱刀屈肘收于右肩前，目视右前方；

（3）身体左转，左脚尖外展，左腿屈膝半蹲，右膝伸直呈左弓步，

左手抱刀直臂向前、向左平圆摆动后收至左腰侧，手心向上，右掌向右、向前、向左直臂平摆收至左肩前，指尖向上，目视左方；

（4）上体略右转，左手抱刀不动，右掌经胸前向右前方推出，指尖向上，目视右前方。

技术要点

后腿绷直，脚跟不能抬起，膝盖不能超过脚尖，上体保持正直。

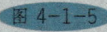
图 4-1-5

接刀右剪腕花

动作方法 见图 4-1-6

（1）上体略左转，两臂同时向下、向前摆动，右手贴靠左手，虎口均向上，目视前方；

（2）身体直起略右转，左手抱刀上摆，右手接握刀柄，目视前方；

（3）左脚向后落步，前脚掌着地，右手持刀向上、向右摆动，左掌下落收至右肩前，指尖向上，目视右方；

（4）右手持刀以腕关节为轴向右、向下沿右臂外侧立圆绕行一周剪腕花，左掌略下落置于右肩前，目视右方。

技术要点

剪腕花动作要连贯迅速，注意眼神。

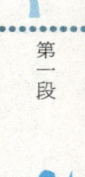

图 4-1-6

 **动作方法** 见图4-1-7

（1）右手持刀臂内旋向下收至右腰侧，左掌向下经腹前向左上摆，左脚随即向前上步，目视前方；

（2）重心移至左脚，右脚跟抬起，两腿伸直；右手持刀向前立刀扎出，与肩同高，左臂伸直向左后平摆，目视前方。

技术要点

上体正直，目视前方。

图 4-1-7

动作方法 见图4-1-8

（1）右脚向前上步，左脚向后退步，右手持刀向左臂外侧平摆，刀尖向后，左掌平摆收至右腋下，手心向下，目视前方；

（2）两腿略屈，上体略左转，右手持刀臂内旋上举，向后绕行，刀前贴背，刀尖向下，左掌向前、向左平摆，上体略左转，两腿屈膝半蹲，右手持刀

刀术规定套路

向右经体前向左平摆至左腋下，刀刃向左，刀尖向后，左掌平摆收至右肩前，两臂呈交叉状，左手在上，目视左方；

（3）上体略右转，右手持刀向右平摆后右臂外旋，刀尖向后，手心向上，左掌向左平摆，目视右方；

（4）右手持刀向左臂外侧平摆，刀尖向后，手心向下，左掌平摆收至右臂下方，目视左方；

（5）右手持刀臂内侧旋上举，向后绕行刀背贴背，刀尖向下，左掌向前、向左平摆，目视前方；

（6）上体左转，左腿屈膝，右腿伸直，右手持刀向右经体前向左平摆至左腋下，手心向下，刀刃向左，刀尖向后，左掌平摆收至右肩前，指尖向上，目视前方。

技术要点

步法稳，头正身直，刀背紧贴背部。

图 4-1-8

转头裹脑刀

动作方法 见图 4-1-9

（1）上体右转，右脚尖外展，重心上起并至右腿，左腿伸直，右手持刀随体转向右平摆，左掌向左平摆，目视右方；

（2）左脚上步，脚尖内扣，身体右转，右手持刀继续向右平摆后臂外旋上举，刀背贴背，刀尖向下，左掌随体转平摆，右脚向后退步，右腿伸直，左腿屈膝，右手持刀经背向左肩绕行，刀刃向左，刀尖向后，左掌平摆收至右腋下，手心向下，目视前方；

（3）右手持刀向前、向右下摆动，同时左掌经体前向左上摆起，右手持刀以腕关节为轴，经后向左、向右，在右肩外侧绕行一周，

同时左掌屈肘收至右肩前，目视刀尖。

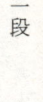技术要点

　　找好重心，目视刀尖。

图 4-1-9

动作方法 见图 4-1-10

（1）右手持刀以腕关节为轴，向下经右臂内侧向左、向上、向右摆动，同时左掌经体前向左上摆，目视右前方；

（2）右脚抬起，向左落地震脚，两腿屈膝半蹲，右手持刀以腕关节为轴，向下经右臂外侧向左、向上摆动后屈肘收至身体右侧，刀尖向上，同时左掌右摆收至右肩前，目视右前方；

（3）右腿伸直，左脚向前上步，脚尖着地呈前点步，右手持刀向上扎出，刀刃向前，左掌向前、向左后平摆，指尖向上，头向左转，目视左方。

技术要点

动作迅速，左脚尖前点步，目视右前方。

图 4-1-10

盖步腾空飞脚

动作方法 见图4-1-11

（1）右手持刀臂内旋屈肘摆至头上方，刀尖下落至体左侧，左手直臂向上、向头上方摆起并接握刀柄，目视刀柄；

（2）左脚跟落地，右脚经左脚前向左落步，脚尖外展，两腿略屈膝，同时左手抱刀下落收至胸前，右手变掌落于左肩前，目视左前方；

（3）左脚向左上步，同时左手抱刀向下、向左摆起，右掌向下、向右摆起，虎口向上，目视前方；

（4）左脚蹬地跳起，右脚在空中击碰左脚，两手继续上摆，右、左脚依次落地，上体左转，左手抱刀下落体左侧，右掌向下、向前摆动，目视前方；

（5）右脚向前上步，两腿略屈，左手抱刀上摆，右掌向上、向后摆动，目视前方；

（6）左腿向前上方摆起然后屈膝收至体前，右脚蹬地起跳并向前上方摆踢，腿伸直，脚面绷平，同时右臂上摆，右掌心击拍右脚面，左手抱刀于上体左侧，目视前方。

❖ **技术要点**

做击步动作时，后脚碰击前脚，并非两脚相击打。

图 4-1-11

❖ **接刀旋风脚**

❖ **动作方法** 见图 4-1-12

（1）两脚同时落地顺势屈膝左手抱刀屈肘下落，右手在体前接握刀柄，目视左前方；

（2）左脚向左前方上步，右手持刀向左经左臂外侧向背后绕行，左掌向左摆出，目视左前方；

（3）右脚向前上步，脚尖内扣，

两腿屈膝，右手持刀向右摆动，左掌屈肘摆至体前，目视前下方；

（4）右脚蹬地起跳，身体向左后拧转，左腿向左后上方屈膝抬起，同时右手持刀经右向前、向左摆至左腋下，左臂向下、向左上随体转摆动，在空中上体左转，右腿伸直向上经面前向左摆动，左掌心击拍右脚掌，脚高过肩，目视右脚前方。

技术要点

旋风脚动作落地时步法应稳，手与步法配合一致。

图 4-1-12

马步藏刀

动作方法 见图 4-1-13

身体在空中继续左转，两脚同时落地呈马步，同时左掌架于头

部左上方，右手持刀置于左腋下，刀刃向左，刀尖向后，目视右前方。

图 4-1-13

技术要点

藏刀时，右手腕部必须上跷，使刀尖尽量向上，不要使刀尖下垂，两脚脚跟和脚外侧均不可离地掀起。

第二节

第二段

刀术规定套路第二段包括退步裹脑刀、翻身抡劈刀、前点步上扎刀、马步藏刀等 16 种刀法。

退步裹脑刀

动作方法 见图 4-2-1

（1）上体左转，右腿伸直，左掌下落收至右肩前，指尖向上，目视前方；

（2）身体重心右移，左脚向后退步，前脚掌着地，右手持刀向右后平摆，左掌向左平摆，头向右转，目视前方；

（3）右脚向后退步，右手持刀臂外旋上举屈肘，刀经肘背后向左绕行至左肩后，左掌向左收至右肩前，手心向下，目视前方；

（4）左脚向后落步，前脚掌落地，右手持刀贴左肩向前、向下经右腿外侧

向后上方摆动，刀背贴于右肩后背，左掌经面前向左上方摆动，目视左前方。

技术要点

缠头时，刀背必须贴着脊背绕行。

图 4-2-1

翻身抡劈刀

动作方法 见图 4-2-2

（1）左脚向左上步，脚尖略外展，上体左转，右手持刀向前上摆动，刀尖向后，左掌下落于身体左侧，目视前方；

（2）右脚向前上步，脚尖内扣，上体左转，同时右手持刀向前以腕关节为轴，在右臂内侧立圆绕行一周，左掌收至右肩前，左脚离地，屈膝抬起，上体经左向后向上翻转，同时右脚蹬地起

跳，身体腾空，右手持刀下摆，然后臂外旋屈肘刀贴背举起，左掌随体转向上、向前摆动，目视前方；

（3）上体在空中向左翻转后，左脚、右脚依次落地，右手持刀随体翻转后向前、向下沿身体左侧抡劈，左掌在抡劈时收至右肩前，目视前下方。

图4-2-2

✿ 技术要点

抡劈动作必须连贯有力，与步法配合一致。

前点步上扎刀

✿ 动作方法　见图4-2-3

（1）两腿直立，上体略右转，手持刀经左向上、向右摆动，左掌向下、向左摆动，目视前方；

（2）右手持刀以腕关节为轴在右臂外侧立圆绕行一周，左掌收至右肩前，右手持刀，臂内旋向下经背后向左摆动，刀尖向左，同时上体略右转，上体略左转，右手持刀随体转经右向前、向头部左上方摆动，左掌向左后平摆，目视刀身；

（3）右手持刀以腕关节为轴在头部左前上方平圆绕行，同时上体后仰，左掌置于右前臂内侧，目视刀身。

🔆 技术要点

动作须连贯，不要中断。

图 4-2-3

🔆 动作方法　见图 4-2-4

（1）右手持刀臂内旋经前至左肩外侧下落，刀尖向后，左掌随右臂下落，

手心向下，目视左方；

（2）右腿屈膝抬起，脚面绷平，左脚以前脚掌为轴碾地，左腿独立支撑，上体右转前俯，右手持刀经左向前、向右后方弧形平摆，左掌随体转向左后平摆，目视前方。

🏵 **技术要点**

动作必须快速连贯。

图 4-2-4

🏵 **动作方法** 见图 4-2-5

（1）身体重心前移，右脚向前上步屈膝半蹲，左腿伸直呈右弓步；

（2）右手持刀经右腰侧向前平扎出，左掌向下、向前置于右臂内侧，指尖向上，目视刀尖前方。

图 4-2-5

🏵 **技术要点**

右大腿要坐平，左腿挺直，两脚脚跟和脚外侧均不可离地掀起。

回身分手扎刀

动作方法 见图 4-2-6

（1）上体左转，重心上起，左腿屈膝，左脚跟里扣，右手持刀屈肘收至右腰侧，左掌向前、向左平摆，目视前方；

（2）上体左转，右腿随体转伸直，右脚跟抬起，右手持刀向前扎出，与肩同高，左掌随体转向左后平摆，虎口向上，目视前方。

技术要点

重心稳定，眼睛随着刀移动。

图 4-2-6

动作方法 见图 4-2-7

（1）身体略右转，右脚跟落地脚尖外展，重心移至两腿间；

（2）右手持刀随体转下落至体前，左掌向前、向右收至右肩前；

（3）上体右转，右脚蹬地跳起，右腿伸直，左腿屈膝向上抬起，脚面绷平；

（4）右手持刀经前向上、向后摆

动，刀背贴靠后背右侧，左掌向前、向左平摆，指尖向上，目视左前方。

技术要点

左大腿尽量贴近于胸腹，重心略前倾。

图 4-2-7

弧行步缠头刀

动作方法 见图 4-2-8

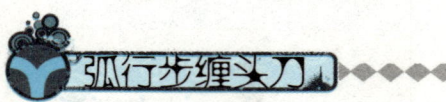

（1）右脚落地，左脚向左前方上步，两腿略屈，同时右手持刀经右向前、向左平至左肩外侧，左掌向前、向右收至右腋下，手心向前，目视前方；

（2）右脚向左前方上步，同时右手持刀举臂抬肘，刀背沿左肩外侧贴背绕行，左掌向前、向左平摆，目视左前方；

（3）左脚向左前方上步，两腿略屈，同时右手持刀经右向前、向左平摆至左肩外侧，左掌向前、向右收至右腋下，手心向下，目视前方；

（4）右脚向左前方上步，左腿伸直，同时右手持刀举臂抬肘，刀背沿左肩外侧贴背绕行，左掌向前、向左平摆，目

视左前方。

技术要点

　　缠头时，刀背必须贴着脊背绕行。扫刀时，刀身必须平行，迅速有力。

图 4-2-8

腾空左右扎刀

动作方法 见图 4-2-9

　　(1)身体重心前移，左脚向左前方一大步，两腿略屈，右手持刀收至右腰侧，左掌向左下摆动，目视前方；

　　(2)上体略左转，右腿伸直向前上方摆起，脚面绷平，左脚随即蹬地跳起并屈膝向上抬起，右手持刀经右腿上方向右上方立刀扎出，左掌收至右肩前，指尖向上，目视刀尖；

（3）在空中身体左转，左腿屈膝随之左摆，右腿前伸随体拧转，脚面绷平，右手持刀经右腰侧向前方立刀扎出，左掌向前、向左后平摆，虎口向上，目视刀尖前方。

✾ **技术要点**

刀经右腰侧向前方立刀扎出，目视刀尖前方。

图 4-2-9

翻身抡劈刀

✾ **动作方法** 见图 4-2-10

（1）左脚落地，略屈膝，右腿下落，两臂动作不变，目视前方；

（2）右脚落地，左脚向右腿后侧面落步，前脚掌着地，右腿屈膝，上体前俯，右手持刀向右后摆动，臂内旋略屈肘使刀背贴于两肩后部，左掌收至右肩前，目视右方；

（3）身体重心移至两腿，上体向左翻转，挺胸展髋，两脚向左转，右手持刀，刀背贴两肩后部随体转动，左掌经左向上、向左

立圆摆动，上体后仰，上体继续向左翻转，左脚尖外展，两腿略屈，右手持刀向前、向身体左侧摆动，左掌收至右腋下，手心向下，目视斜下方；

（4）上体左转前倾，左脚独立支撑，右腿屈膝抬起，左掌向下、向前摆动，右手持刀臂内旋向上、向后立圆摆动，目视左前方。

✿ 技术要点

抡劈动作必须连贯有力，与步法配合一致。

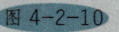
图 4-2-10

滑叉扎刀

✿ 动作方法 见图 4-2-11

（1）左脚蹬地向前，右脚前伸脚尖勾起，脚跟擦地前滑呈竖叉，

上体前倾；

（2）同时左掌向上、向后摆至
与肩同高，虎口向上，右手持刀经
腰侧沿右腿向前方扎出，目视刀尖
前方。

图4-2-11

🔹 技术要点

扎刀力达刀尖，大小臂充分
绷直，目视刀尖。

🔹 转身缠头刀

🔹 动作方法　见图4-2-12

（1）两脚蹬地跳起后屈膝并步，
上体略左转，同时右手持刀臂上举
使刀背经左贴靠后背，左手不动，
左脚向左落步，略屈膝，上体左
转，右手持刀经右向前、向左摆至
左肩外侧，刀尖向后，左掌平摆收
至右腋下，两手心向下，目视前
方；

（2）右脚向前上步，两腿略屈，
右手持刀臂内旋上举，向后绕行，
刀背贴背，刀尖向下，左掌向前、
向左平摆，身体左转，右腿独立支
撑，左腿屈膝向上抬起，右手持刀
经右向前、向左平摆至左肩外侧，
刀尖向后，左掌平摆收至右腋处，
手心向下，目视前方；

（3）身体左转，左脚向左落步，

两腿略屈，右手持刀臂内旋上举，向后绕行，刀背贴背，刀尖向下，左掌向前、向左平摆，目视前方；

（4）身体左转，左腿屈膝半蹲，右腿伸直，右手持刀经右向前、向左平摆至左肩外侧，手心向下，刀尖向后，左掌平摆收至右肩前，目视前方。

✿ 技术要点

刀背尽量贴近背部绕过右肩。

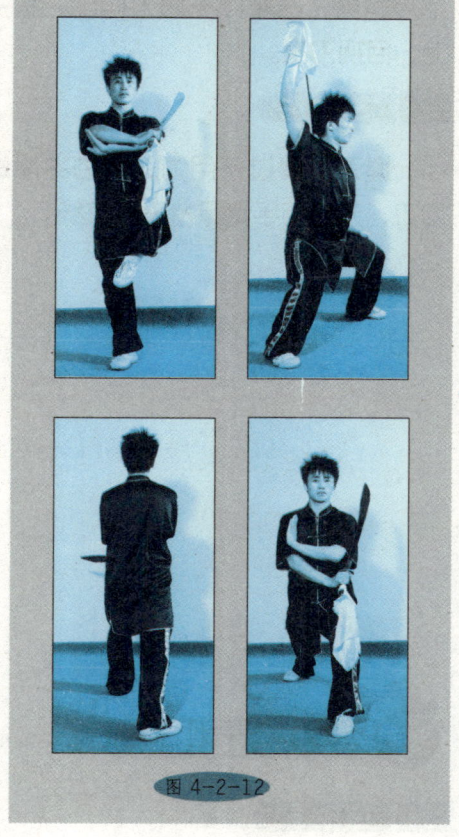

图 4-2-12

弓步砍刀

✿ 动作方法　见图 4-2-13

（1）上体右转，重心上起，左脚向右脚后侧落步，脚前掌着地，右手持刀向右下方摆动，左掌收置于右肩前，目视右下方；

（2）两腿动作不变，右手持刀刀臂外旋上举，刀尖向前，右脚向右落步腿伸直，左腿屈膝半蹲呈左弓步，上体左转，同时右手持刀向右

图 4-2-13

下方斜劈，左掌向左后方伸出，指尖向
上，目视刀身。

 技术要点

握刀不要过于用力，使力不能达于
刀刃，刀身与手臂保持一条直线。

翻身弓步扎刀

动作方法 见图 4-2-14

（1）上体右后仰，右脚跟内扣，右
手持刀扣腕使刀尖向后，左掌屈肘下落
并收至右胸前，目视刀身；

（2）右腿独立支撑，以右脚掌为轴踮
地，左腿屈膝向上抬起并内扣，上体继
续向右后翻转，左掌收至右前臂内侧，
右手持刀随体转向后下摆动，目视右下
方；

（3）左脚向右前方落步屈膝半蹲，
右膝伸直呈左弓步，右手持刀向体右下
立刀扎出，左掌向左后方伸出，虎口向

上，目视刀尖。

技术要点

扎刀力达刀尖，大小臂充分绷直，目视刀尖。

图 4-2-14

旋转格刀

动作方法 见图 4-2-15

（1）上体右后转，右脚抬起随即落步，脚尖外展，两腿略屈，右手持刀向右后摆动，左掌随体转收至右肩前，目视刀尖；

（2）身体向右后拧转，左脚向右经右腿前落于左前方，脚尖内扣，右手持刀臂外旋上举，向后经背部至身体左前方时，刀刃向前，刀尖向下并向右摆动，左掌向左后方伸出，目视前方，以左脚前脚掌为轴，左腿伸直独立支撑向右后转体一周半，右脚抬起贴于左膝后侧，右手持刀随体转向右后格刀，左掌随体

转平摆，眼随体转平视；

（3）身体重心右移，右脚向右落步，右腿屈膝，左腿伸直呈右弓步，右手持刀扣腕，刀尖置于右膝外侧，左掌收至右肩前，指尖向上，目视右前方。

技术要点

旋转格刀必须快速，腕部灵活用力。

图 4-2-15

弓步藏刀

动作方法　见图 4-2-16

两腿和右手持刀动作不变，左掌向左推出，指尖向上，头向左转，目视左前方。

技术要点

藏刀时右大腿要坐平，右手持刀使刀身贴近右腿，刀尖藏于膝旁，左腿挺直，两脚脚跟和脚外侧均不可离地掀起。

图 4-2-16

第三节

第三段

刀术规定套路第三段包括转身上步扎刀、腾空扫刀、回身撩刀、仆步藏刀等 18 种刀法动作。

转身上步扎刀

动作方法 见图 4-3-1

（1）上体略向左拧转前俯，右腿独立支撑，左腿屈膝向上抬起贴近胸部，小腿内收，脚面绷平，右手持刀向左经前和左小腿外侧平摆，左掌收至右前臂内侧，目视前下方；

（2）左脚向左前方上步，两腿略屈，右手持刀内旋上举，经左肩外侧向后背绕行，刀背贴靠背部，刀尖向下，左掌向前、向左平摆，目视左前方；

（3）右脚向左前方上步，脚尖内扣，上体左转，右手持刀向右平摆后收至右腰侧，虎口向上，左掌向下、向后摆动，屈肘使掌背贴于后腰部，右脚以前脚掌为轴蹍地，上体左后转 180 度，左脚随体转向前上步，两腿略屈，左掌随体转向下、向左上摆，目视前方；

（4）上体左转，重心移至左腿，右膝伸直，右脚跟抬起，右手持刀向前立刀扎出，左掌置于右上臂内侧，指尖向上，目视刀尖前方。

技术要点

扎刀力达刀尖，大小臂充分绷直，目视刀尖。

图 4-3-1

腾空扫刀

动作方法 见图 4-3-2

（1）两腿动作不变，右手持刀，右臂内旋收至左腋下，手心向下，左掌置于右肩前，指尖向上，目视前方；

（2）上体略右转，右脚向右前方上步，脚尖外展，右手持刀向右平摆，左掌向左平摆，目视前方；

（3）上体略右转，右腿独立支撑，左腿屈膝向上抬起，右手持刀臂向外旋上举，向后背部绕行，刀背贴背，刀尖向下，左掌收至右胸前，目视前方；

（4）身体右转，同时右脚蹬地跳起，右腿屈膝向上抬起，小腿内收，脚面绷平，左腿伸直，上体前俯，右手持刀向前、向右扫刀，左掌向左后平摆，目视前下方。

技术要点

扫刀必须快速，刀身要平、要低。

图 4-3-2

回身撩刀

动作方法 见图 4-3-3

（1）左脚落地，右脚向后落步，前脚掌着地，右手持刀继续向右下平摆后臂外旋上举，左掌收至右肩前，目视前方；

第三段

（2）左脚向右脚后方退步，前脚掌着地，右手持刀经左肩向前、向下沿右腿处侧立圆摆动，左掌向左前方伸出，目视右斜下方；

（3）身体左后转，两脚以前脚掌为轴随体转踊地，右手持刀臂外旋直臂上摆，随体转向右摆动，左掌向下随体转向左摆动，目视前方；

（4）身体左转，两腿略屈，上体后仰，右手持刀向下随体转向前上方撩出，刀刃向上，左掌上摆置于头部左上方，目视刀尖前方。

技术要点

撩刀必须与步法协调一致。

图 4-3-3

震脚分手扎刀

动作方法 见图 4-3-4

（1）两腿屈膝半蹲，左掌下落拍击左腿，同时右手持刀臂内旋下落收至右腰侧，目视斜下方；

（2）右脚向左脚内侧靠拢，全脚着地震踏，两腿屈膝半蹲呈并步震脚，右手持刀向前立刀扎出，左掌向左、向后摆动，虎口向上，目视刀尖方向。

技术要点

震脚动作迅速有力。

图 4-3-4

仆步藏刀

动作方法 见图 4-3-5

（1）身体重心上起，两腿略屈膝，右手持刀上举，刀尖向上，左掌收至右肩前，目视前方；

（2）两脚同时蹬地屈膝收起，两脚跟贴近臀部，同时身体右后转，右手持刀下落，左掌置于右肩前，在空中上体右转，右手持刀以腕关节为轴在右臂外侧向后、向前、向下立圆绕行一周并向右后上方摆动，刀刃斜向下；

（3）两脚同时落地，右腿屈膝全蹲，左腿伸直，左脚尖内扣呈

图 4-3-5

左仆步，左掌向前下方推出至左脚上方，目视前下方。

技术要点

藏刀时，右手腕部必须上翘，使刀尖尽量向上，不要使刀尖下垂，注意小臂与刀身动作路线为弧形，目视前方。

动作方法 见图 4-3-6

（1）身体重心上起，右脚向右前方上步，屈膝半蹲，左腿屈膝抬起，左脚面紧贴于右膝后侧；

（2）右手持刀向右前方立刀扎出，左掌置于右上臂内侧，目视刀尖前方。

图 4-3-6

技术要点

扎刀力达刀尖，大小臂充分绷直，目视刀尖。

动作方法 见图 4-3-7

（1）左脚向左后方落步，两腿略屈，身体左转，右手持刀臂外旋使刀尖向后，左掌向前平摆，目视左前方；

（2）上体向左后转，右脚向前上步，脚尖内扣，两腿略屈，右手持刀经右向前、向左臂外侧平摆，刀尖向

刀术规定套路

后，手心向下，左掌平摆收至右腋下，右脚随上体左转向后垫步，左脚随即经右脚向左后方退步，前脚掌着地，右手持刀臂内旋上举向后绕行，刀背贴背，左掌随体转向左平摆，上体前俯并向左后拧转，左脚蹬地，右腿伸直向上摆起，右手持刀经右向前、向左平摆，左掌随体转平摆，目视前下方；

（3）左腿伸直向上摆动，身体腾空继续向左平旋，右手持刀向左、向右在身体下方平扫一周，左掌随体转平摆，目视前下方；

（4）右脚先落地，左脚向左侧落步，右手持刀随体转平摆，左掌随体转平摆，目视前下方。

技术要点

动作迅速，刀随身体转动。

图 4-3-7

转身抹刀

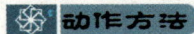
动作方法 见图 4-3-8

（1）身体向左后拧转，左脚以前脚掌为轴蹍转，右脚随之向前上步，脚尖略内扣，右手持刀向前、向左经左臂外侧向背后绕行，左掌平摆收至右胸前，手心向下；

（2）上体左拧并略后仰，身体重心移至右腿，左腿伸直，右手持刀经右向前直臂平抹，手心向上，刀刃向左，同时左掌随体转向左后方平摆，目视前方。

❀ 技术要点

注意小臂与刀身动作路线为弧形。

图 4-3-8

退步分手扎刀

❀ 动作方法　见图 4-3-9

（1）身体重心后移，左脚向后退步，前脚掌着地，两腿略屈，左掌向前拍击刀身，同时右手持刀臂内旋收至右腰侧，虎口向上，目视刀尖方向；

（2）身体重心后移，右脚向右后方退步，右腿伸直，左腿屈膝，同时右手持刀向前立刀扎出，左掌向左后方平摆，虎口向上，目视刀尖前方。

❀ 技术要点

分手扎刀动作迅速，与步法协调一致。

图 4-3-9

退步左右剪腕花

动作方法 见图 4-3-10

（1）身体右转，重心上起，两腿略屈，右手持刀向上、向右摆动，左掌平摆收至右肩前，指尖向上，目视右前方；

（2）右手持刀以腕关节为轴在右臂外侧贴身立圆绕行一周，目视右方；

（3）上体左转，右手持刀臂内旋使刀向下、向背后贴身绕行，上体左转，右手持刀随体转置于身体右侧，刀尖向后，左脚向后退步，右手持刀以腕关节为轴向下、向前、向上摆动，左掌向左下方伸出；

（4）右脚向后退步，前脚掌着地，右手持刀以腕关节为轴沿右臂外侧向后、向前贴身立圆绕行，左掌置于体左侧，目视刀身。

技术要点

以腕为轴，刀和腰部转动协调一致用力。

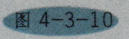

图 4-3-10

跪步推刀

动作方法 见图 4-3-11

（1）上体前俯收腹，左腿屈膝半蹲，右腿膝部着地，右手持刀臂内旋向前、向左平摆，刀背贴近腹部，左掌屈肘按于刀背上方，目视前下方；

（2）上体后仰，右手持刀与左手一起经前胸向头部后上方推出，目视刀身。

技术要点

力达刀刃，目随刀身。

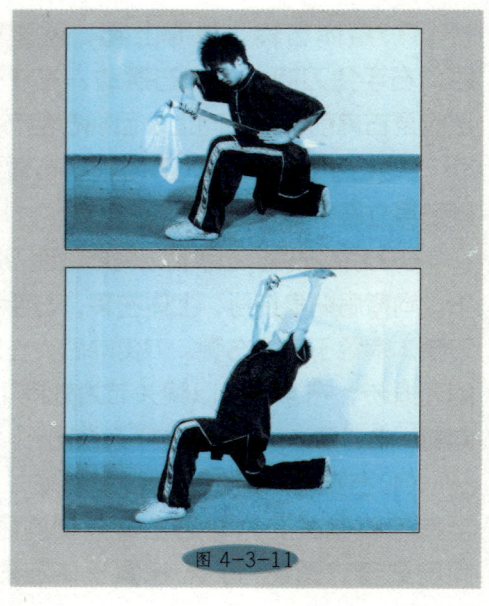

图 4-3-11

转身裹脑刀

动作方法 见图 4-3-12

（1）上体直起，右膝离地，右手持刀向右经体前向左平摆至左腋下，手心向下，左掌经左向前屈肘收至右肩前，目视前方；

（2）身体右后转，右脚前脚掌随体转踮动，重心移至右腿，右手持刀随体转向右平摆，左掌向左平摆，身体继续右后转，同时左脚向右脚前方上步，脚尖内扣，右手持刀随

体继续向右平摆后臂外旋上举，刀背贴背，刀尖向下，左掌随体转收至体前，目视前方；

（3）身体右转，右脚经左脚向后退步，两腿略屈，右手持刀经左肩向下绕行，左掌置于右胸前，指尖向上，目视右前方。

技术要点

刀背必须贴着脊背绕行，扫刀时，刀身必须平行，迅速有力。

图 4-3-12

提膝藏刀

动作方法 见图 4-3-13

（1）右腿伸直独立支撑，左腿屈膝向上抬起，小腿内扣，脚面绷平；

（2）右手持刀向下、向右后摆动，刀身贴靠右腿外侧，左掌经胸前向左推出，指尖向上，头向左转，目视左前方。

图 4-3-13

技术要点

直立之腿，膝部必须挺直，提膝之腿，膝部尽量高提，脚底贴近裆前，藏刀时右手腕部必须上跷，使刀尖尽量向上，不要使刀尖下垂。

第四节

第四段

刀术规定套路第四段包括上步扎刀、回身分手扎刀、插步分手下扎刀、转身裹脑刀等 12 种刀法动作。

动作方法 见图 4-4-1

（1）左脚向左前方落步，重心移至左脚，右脚跟抬起；

（2）右手持刀经右腰侧向前立刀扎出，与肩同高，左掌屈肘收至右上臂内侧，目视刀尖前方。

技术要点

刀经腰侧向前方立刀扎出，目视刀尖前方。

动作方法 见图 4-4-2

（1）左脚蹬地跳起，右脚向左脚前方落步，脚尖内扣；

（2）上体左后转，左脚向后落

图 4-4-1

步，右手持刀随体转经右腰侧向前立刀扎出，左掌随体转向左后平摆，目视刀尖前方。

第四段

技术要点

刀经右腰侧向前方立刀扎出，目视刀尖前方。

图 4-4-2

插步分手下扎刀

动作方法　见图 4-4-3

（1）上体前俯向左拧摆，右手持刀直臂向前、向左平摆，左掌随体转向后摆动，目视刀尖方向；

（2）上体后仰，右手持刀向头部前上方摆动，左掌贴于刀背，目视刀身；

（3）上体略右拧转，右手持刀向右收至右腰右侧，虎口向上，刀尖向前，目视刀尖；

（4）上体左转，右脚向左脚后方落步，前脚掌着地，左腿屈膝，右腿伸直，右手持刀向左前下方立刀扎出，左掌向左后方平摆，目视刀尖。

技术要点

上述的分解动作必须连贯，插步反撩时上身略向前俯。

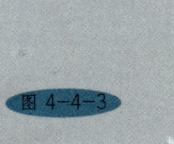
图4-4-3

转身裹脑

动作方法 见图4-4-4

（1）右脚向右前方上步，右手持刀上摆臂内旋使刀刃向外，目视前方；

（2）左脚向右前方上步，脚尖内扣，身体右转，右手持刀随体转收于左腋下，左掌平摆收至右肩前；

（3）身体右转，右脚向左后方退步，右手持刀随体转向右平摆后臂外旋上举，左掌随体转平摆，目视前方；

（4）左脚向右前方上步，右手持刀经后背沿左肩向前绕行，刀尖向后，目视前方。

技术要点

裹脑动作与迅速转身协调一致。

图4-4-4

垫步下截刀

动作方法 见图 4-4-5

（1）左脚蹬地跳起，左膝伸直，右腿屈膝向上抬起，小腿内收，脚面绷平；

（2）上体向右拧转并前倾，右手持刀向前、向右后下方摆动，刀刃斜向下，左掌收至右肩前，指尖向下，头向右转，目视刀尖。

图 4-4-5

技术要点

跳起在空中时，要保持上体正直并侧对前方。

扫刀侧空翻

动作方法 见图 4-4-6

（1）左脚落地，右脚向前落步，上体略左转，左掌向前摆出，右脚蹬地前跳落地，左脚向前落步，两腿略屈，右手持刀臂外旋，左掌向左摆动，目视前下方；

（2）左脚蹬地，右腿向后上方直腿摆起，脚面绷平，上体前俯，右手持刀向右、向前平摆，目视前下方；

（3）右腿继续向前、向下摆动，左腿向上直腿腾空摆起，右手持刀以腕关节为轴向左、向右在身体下方平扫一周，右脚、左脚先后落地，身体直起。

101

刀术规定套路

技术要点

　　身体重心在两脚之间，扫刀速度要快，力达刀刃，上体保持正直，避免在转身时失去重心。

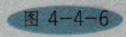

图 4-4-6

并步分手扎刀

动作方法 见图 4-4-7

　　（1）身体左转，右手持刀向上、向前摆动，左臂向下、向后摆动，目视前方；

　　（2）左脚蹬地前跳落步，右脚向前上步，身体左转，两腿屈膝，右手持刀以腕关节为轴向下、向左在体前立圆绕行一周，并屈肘收于胸前，刀刃向上，左掌收至右肩前，目视右前方；

　　（3）左脚向右脚内侧并拢，两腿伸直，右手持刀臂内旋向右立刀扎出，左掌向左伸出，虎口向上，目视右方。

技术要点

要挺胸，直背，两腿伸直。

图 4-4-7

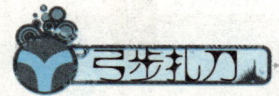
弓步扎刀

动作方法 见图 4-4-8

（1）左脚向左前上步，两腿屈膝，右手持刀收至右腹前，左掌向前平摆，目视左前方；

（2）重心前移，左腿屈膝半蹲，右膝伸直呈左弓步，右手持刀向前立刀扎出，左掌置于右臂内侧，目视刀尖前方。

技术要点

右腿挺直，两脚脚跟和脚外侧均不可离地掀起。

图 4-4-8

刀术规定套路

并步斩刀

动作方法 见图4-4-9

（1）身体重心移至右腿，左脚向右腿内侧并拢，两膝伸直；

（2）右手持刀向右平摆，刀刃向后，刀尖向右，左掌向左、向上摆至头部左上方，指尖向右，头向右转，目视右方。

技术要点

要挺胸，直背，两腿伸直，以腰拧转助力，力达刀刃。

图4-4-9

转身缠头刀

动作方法 见图4-4-10

（1）右手持刀向下、向左摆动，左掌向左、向下收至腹前，两臂呈交叉状，目视前方；

（2）左脚向左前方上步，右手持刀臂内旋上举沿左臂外侧绕至身后，刀尖向下，左掌向前、向左平摆，身体左后转，右脚向前上步，脚尖内扣，右手持刀经右向前、向左平摆至左肩外侧，手心向下，左掌收至右臂下方，目视前方；

（3）身体继续左后转，左脚向后退

104

步，两腿略屈，右手持刀臂内旋上举沿左臂外侧绕至身后，刀尖向下，左掌向前、向左平摆，身体左转，左腿屈膝，右腿伸直，右手持刀经右向前、向左后平摆至左肋侧，刀刃向左，刀尖向后，左掌向左、向上摆至头部的左上方，目视前方。

第四段

技术要点

缠头时，刀背必须贴着脊背绕行。

图 4-4-10

接刀并步亮掌

动作方法 见图 4-4-11

（1）两腿动作不变，左掌向前下落至胸前，掌心向上，右手持刀向右平摆后臂外旋上举，经头部绕行一周后在胸前落至左掌上方，目视前方；

（2）上体略右转，重心移至右腿，左脚向右脚内侧并拢，两腿伸直，左手接握刀柄，屈肘收至左腰侧，右掌向下、向右直臂上摆，头向右转，目视前方；

（3）上体略左转，右臂略屈，右掌内扣，指尖向前，头向左转，目视前方。

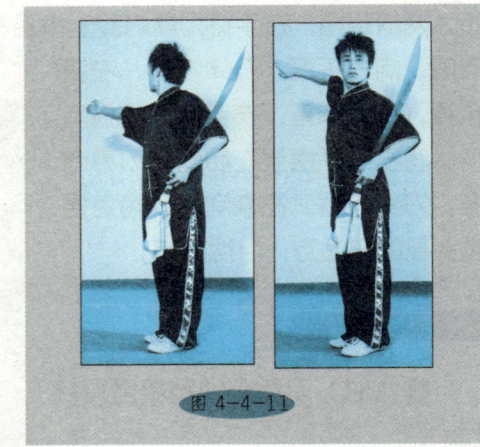

图 4-4-11

技术要点

亮掌、并步与接刀的动作要协调一致。

收势

 见图 4-4-12

（1）左脚向前上步，右脚向左脚内侧并拢，两腿伸直；

（2）左手抱刀自然下垂于身体左侧，刀尖向上，右掌贴于身体右侧，掌心向内，目视前方。

技术要点

并步、收掌动作迅速。

图 4-4-12

第五章　比赛规则

制定各项运动的比赛规则，有助于比赛参与者了解运动规则的基本知识，以使自己在比赛过程中游刃有余地发挥技术水平。比赛观赏者也只有在了解比赛规则的前提下，才能够充分体验观赏比赛的乐趣。

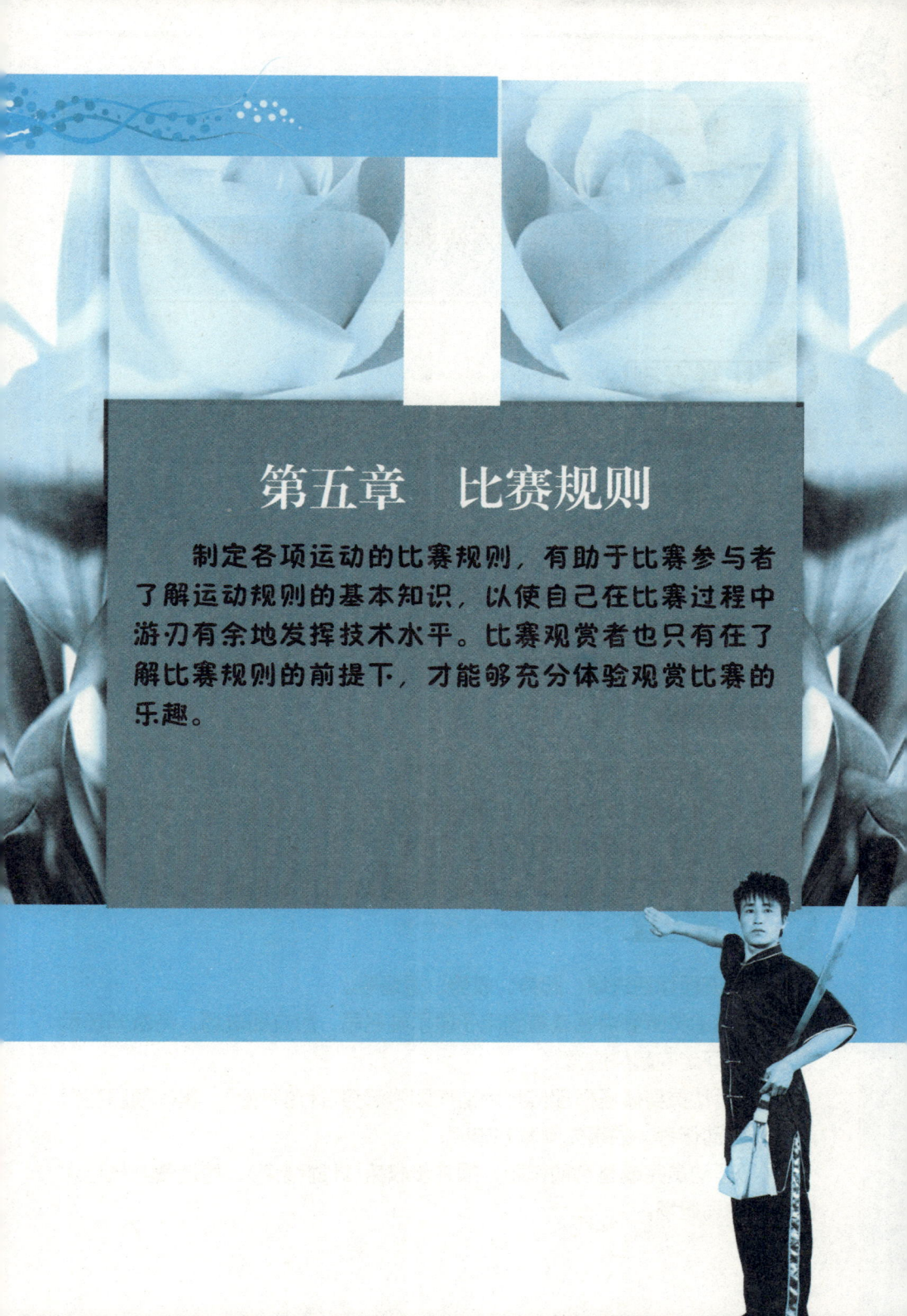

第一节

比赛方法

　　运动员要按照一定的方法进行比赛，并须遵循一定的规则，以使比赛有序进行。

比赛安排 ◆◆◆◆◆◆

比赛类型

刀术比赛包括个人赛和团体赛。

年龄组别

　　(1)成年组：18 周岁以上（含 18 周岁）；

　　(2)少年组：12～17 周岁；

　　(3)儿童组：不满 12 周岁。

套路时间

　　(1)刀术自选套路不得少于 1 分 20 秒；

　　(2)如果分年龄组比赛时，则成年组不得少于 1 分 20 秒，少年组不得少于 1 分 10 秒，儿童组不得少于 1 分钟。

比赛流程 ◆◆◆◆◆◆

比赛流程包括进场、起势、收势、退场等。

　　(1)运动员听到点名或看到电子显示姓名后，应立即进场，待裁判长示意后，即可走向起势位置；

　　(2)运动员身体任何部位开始动作即为起势（计时开始），集体项目在行进间开始动作者，须事先向裁判申明；

　　(3)运动员完成整套动作后，须并步收势（计时结束），再转裁判长行注目礼，然后退场；

（4）运动员应在同侧场内完成相同方向（左右不得超过90度）的起势与收势，集体项目必须在场内完成起势与收势，方向、位置不限；

（5）运动员听到上场比赛的点名和赛后示分时，应向裁判长行抱拳礼。

第二节

裁判方法

在比赛过程中，裁判人员通过履行其职责，进行正确的裁判工作，来保证比赛的公平、公正。

裁判人员包括裁判长和裁判员。其中，裁判员包括3～5名评判动作规格的裁判员和3～5名评判演练水平的裁判员。

比赛满分为10分，其中动作规格分值为6.8分，演练水平分值3分，创新难度分值为0.2分。

动作规格分

动作规格分满分为6.8分。裁判员根据运动员现场发挥的技术水平，按照动作规格要求，减去该动作规格中出现的错误扣分和其他错误的扣分，即为运动员的动作规格分。

1. 动作规格扣分

（1）凡手形、步形、身形、手法、步法、身法、腿法、跳跃、平衡和器械的方法与规格要求轻微不符者，每出现一次扣 0.05 分，与要求显著不符者，每出现一次扣 0.1 分，与要求严重不符者，每出现一次扣 0.2 分，一个动作出现多种错误时，最多扣分不得超过 0.2 分，出现三次以上扣 0.5 分；

（2）同一手形每出现一次轻微错误扣 0.05 分，出现两次扣 0.1 分，出现三次以上扣 0.2 分，同一步形、步法、器械方法出现一次轻微错误扣 0.05 分，出现两次扣 0.1 分，出现三次以上扣 0.3 分，出现一次显著错误扣 0.1 分，两次扣 0.2 分，出现三次以上扣 0.5 分；

（3）凡手法、步法、器械方法中有动作不清的轻微错误，出现一次扣 0.05 分，出现两次扣 0.1 分，出现三次以上扣 0.3 分，出现一次显著错误扣 0.1 分，出现两次扣 0.2 分，出现三次以上扣 0.5 分。

2.其他错误扣分

下列错误每出现一次，根据不同程度，予以扣分：

（1）遗忘动作，扣 0.1～0.2 分；

（2）器械、服装影响动作，扣 0.1～0.2 分；

（3）器械变形，扣 0.1～0.3 分；

（4）器械折断，扣 0.4 分；

（5）器械掉地，扣 0.5 分；

（6）失去平衡，晃动、移动、跳动扣 0.1 分，附加支撑扣 0.3 分，倒地扣 0.5 分；

（7）规定套路的动作路线、方向错误，扣 0.1 分。

演练水平分

演练水平分满分为 3 分。裁判员根据运动员现场表现的整套演练水平，按照刀术在功力、演练技巧、编排等方面的标准，整体比较，确定扣分，从该类分值中减去应扣分数，即为运动员的演练水平分。

1.劲力水平分值为 1 分（劲力、协调各占 0.5 分）

凡劲力充足，用力顺达，力点准确，手、眼、身、法、步配合协调，身体和器械协调，动作干净利落者，不予扣分；凡劲力或协调与要求轻微不符者，扣 0.05～0.1 分；凡与要求显著不符者，扣 0.15～0.3 分；凡与要求严重不符者，扣 0.35～0.5 分。

2.演练技巧分值为 1.5 分(精神、节奏、风格各占 0.5 分)

凡精神饱满，节奏分明，风格突出者，不予扣分；凡精神、节奏、风格的任何一面与要求轻微不符者，扣 0.05～0.3 分；凡与要求严重不符者，扣 0.35～0.5 分。

3.编排(内容、结构、布局)分值为 0.5 分

凡符合内容充实、结构合理、变化多样、布局匀称的要求的，不予扣分；凡与要求轻微不符者，扣 0.05～0.3 分；凡与要求严重不符者，扣 0.35～0.5 分。

裁判员的示分

裁判员所示分数可到小数点后两位，小数点后第二位必须是 0 或 5。

应得分数

动作规格分与演练水平分之和即为运动员的应得分数。动作规格分与演练水平分的确定方法为：

(1)3 个裁判员评分时，取 3 个分数的平均值为运动员的应得分；

(2)4～5 个裁判员评分时，去掉最高分和最低分，取中间 2 个或 3 个分数的平均值为运动员的应得分；

(3)运动员的应得分数只取到小数点后两位，小数点后第三位不作四舍五入。

裁判长的扣分

起势、收势

(1)起势与收势方向不符合要求者，扣 0.1 分；

(2)起势与收势有意拖延时间，一个动作达 8 秒者，扣 0.1 分，达 10 秒者，扣 0.2 分，达 12 秒者，扣 0.3 分。

重做

(1)运动员因客观原因，造成比赛套路中断者，经裁判长许可，可重做一次，不予扣分；

(2)运动员因动作遗忘、失误等原因造成比赛套路中断者，可重做一次，扣1分；

(3)运动员临场受伤不能继续比赛者，裁判长有权令其中止，经过简单治疗即可继续比赛的，可安排在该组最后一名上场，按重做处理，扣1分。

出界

身体的某一部位接触边线外地面，扣0.1分；整个身体出界，扣0.2分。

平衡时间不足

凡指定的持久平衡动作的静止时间不足1秒者，扣0.2分；不足2秒者，扣0.1分。

不足或超出规定时间

(1)如果没有在规定时间内完成套路，不足或超出规定时间在2秒内者（含2秒），扣0.1分，在2秒以上至4秒以内者（含4秒），扣0.2分，依次类推；

(2)集体项目不足或超出规定时间在5秒内者（含5秒），扣0.1分，在5秒以上至10秒以内者（含10秒），扣0.2分，依次类推。

服装不符合规定

在比赛中，发现运动员服装违反规定，则取消其该项成绩。

动作组别不够

任何自选套路，动作组别少于规定的要求时，每少一个手形、步形、腿法、跳跃、平衡动作和规定的一种方法，扣0.3分。步形和平衡动作，均以定势为准，过渡的或一晃而过的都不算规定的步形和平衡。

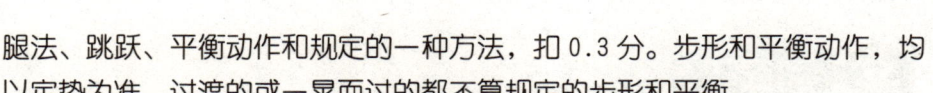

规定套路的动作缺少或增加

(1)漏做或增加一个完整的动作，扣0.2分；

(2)跳跃动作的助跑步数或行进动作的步数缺少或增加，每出现一次，扣0.1分。

指定动作的扣分

(1)如未选择一组"指定动作"，除扣去该组指定动作的难度分值外，还应按漏做动作扣分，每漏做一个动作扣0.3分；

(2)附加或漏做一个或几个动作时，按动作附加或漏做动作扣分，每附加或漏做一个动作扣0.3分；

(3)改变动作可视为附加或漏做；

(4)每改变一次规定要求的方向，扣0.3分，如果由于方向改变出现附加或漏做，则应按附加或漏做扣分；

(5)重做指定动作的部分或全部，对动作中错误的扣分，以第一次完成的动作为准；

(6)因自选套路指定动作位置确定表填报错误，将在该项最后得分中扣0.3分。

裁判长对评分的调整

(1) 当评分出现明显不合理现象时，在出示运动员最后得分前，裁判长须报告总裁判长，经总裁判组同意，可召集场上裁判员协商或同个别有关协商，改变分数；

(2) 当有效分数（除去最高与最低）之间出现不允许的差数时，在出示运动员的最后得分前，裁判长可召集场上裁判员协商或同个别有关裁判协助协商，改变分数。

最后得分

　　裁判长从运动员的应得分中减去"裁判长的扣分"再加上"创新难度动作加分"，即为运动员的最后得分。